きちんと生きてる人がやっぱり強い

胸を張って愚直に歩いてゆく

Utsumi Minoru
内海 実

KAWADE夢新書

装幀◉こやまたかこ

忘れてはいけない〝大切なもの〟が見つかる本——はじめに

歌は世につれ世は歌につれと言うけれど、たしかに流行歌が変わるのと合わせるかのように、時代は変化している。しかも、変わりようのテンポが速い。

なかでも、人びとの考え方や価値観、また生活スタイルのスピーディな変化についていくのは大変である。わけても、中高年齢層の目からは、若年層になればなるほど彼らの行動や考え方に違和感を抱く人びとがふえている。

いつの時代でも、世代間ギャップは必ずある。ただ、世の移ろいはどうあれ、人間には変わってはいけない「大切なもの」がある。それは、人間として誠実に、勤勉で、かつ正直であれという、ごく当たり前の生き方である。しかし、現代のギスギスした世相を見るにつけ、その大切なもののカゲがうすれているような気がしてならないのだ。

たとえ「愚直《ぐちょく》」と言われようと、真っ正直にきちんと生きてる人がバカを見ない世の中であるべき——そういう思いをこめながらこの本を書いたつもりである。そこを少しでも読み取っていただけたなら、これ以上にうれしいことはない。

内海　実

きちんと生きてる人がやっぱり強い——目次

人を理解し立てる人は人に認められる

●ふところの深い人は、やっぱり強い！

人を思いやれる人は人に愛される

●温かい人は、やっぱり強い!

きちんと育てられた人は人とうまくやれる

●自立した人は、やっぱり強い！

プロローグ

歯車が狂った現代だからこそ真っ当な考え方で生きるべき

●いつの世にも変わらない、強く確かな生き方――

●今の日本と日本人、だいぶ歪んでないか

「今の日本と日本人は、どこかおかしいのではないか」と言いはじめている人がふえてきた。私もそのうちのひとりだ。

少なくとも一〇年くらい前までは、「まともに生きていこう」という考えを持っていれば、誰もが人並みの幸せ感を享受《きょうじゅ》することができたように思う。可住面積の狭い国土に人間がひしめき合い、人とモノでごった返り、むさ苦しい国ではある。しかし、欲ばりさえしなければ、まあそこそこに安心して暮らしていける国だった。

ところが今はどうだろう。世の中全体に丸味がなくなり、カドばかりが目立ってギスギ

スしたムードが漂《ただよ》っている。「勝ち組」「負け組」というイヤな言葉が大手をふって歩くように、社会には大きな格差ができてしまった感がある。まともにやっている八割の人が、気がついたら「おいてけぼりの負け組」にされてしまっているではないか。

小泉純一郎元総理大臣は、この国の大改革を断行した結果、国じゅうに明るさと元気がもどってきたと明言した。もしも本気で言いきったのであれば、目立つ階層だけに視線が走り、格差社会の大多数にはまるで気が回らなかったのかと問いたくなる。

「自由競争と改革がよくない」と言うのではない。終身雇用や年功序列制といった〝社会の安心装置〟が時代の歯車に噛《か》み合わなくなったこともわからないではない。しかし、上流にいる二割の勝ち組が八割の所得を支配し、下流にいる八割の負け組が二割のおこぼれで食べていかなければならないようなイビツな社会構造は、誰が考えてもおかしい。そんな今の日本が明るくなっただなんて、まともな人間であれば誰だって聞いて呆《あき》れる。

●きちんと人間らしく生きてみないか

総中流意識の無競争社会に逆戻りし、全員が正規社員、黙っていても給料が上がっていく世の中になれと言うにはムリがある。それでは国際競争に敗れてしまう。

しかし、額に汗してコツコツ働く人がバカをみている世の中は間違っている。「カネで人の心は買える」と嘯《うそぶ》く人間がもてはやされ、社員が血のにじむような努力で築き上げた会社を〝マネーゲーム〟同然に売買する経営者が評価される。それをまた、時の政権与党のリーダーたちまでが、まるで時代の寵児《ちょうじ》のようにもてはやしたのだから情けない。

たしかに「それが資本主義だから」という理屈もあろう。ワケ知り顔で、そう言う知識人に、真っ向から反論する気もない。しかし、そこには「人が人間らしく生きていく」という視点が抜け落ちているような気がしてならないのだ。

仕事も生活も、人なしには成り立たないし、人とのつき合いなしには語れない。そして、いかにいい仕事をし、いかにいい人生を送るかは、やはり〝いいつき合い〟なしには語れない。人と人がきちんとした関係を築くには、礼儀というルールや、人を大切にする心、自分を省みる謙虚さや、人生に対する誠実さが必要だろう。この「きちんとした生き方」は、まっとうな人生を送るうえで、いちばん大切なことなのだ。

今、多くの人がそれに気づきはじめたようだ。誰とも触れ合わずにひきこもり、デイトレードに没頭して一攫千金《いっかくせんきん》の夢を追うような人間までが、さも主流の勝ち組であるかのような目で見られる世の中はおかしいと。

冷静に考えればわかるが、世の中はそんなに甘いはずがなかろう。一〇人に一人くらいは成功しているトレーダーはいても、あとの九人は仕事をゲームと取り違えて失敗し、今ごろ歯ぎしりしているはずなのだ。

他方では、グレーゾーンぎりぎりの高金利をむしり取られているにもかかわらず、国民の約六人に一人が消費者金融を利用し、リボルビング方式の手軽さから、まるで自分の口座に出し入れしているような錯覚に陥っている現実がある。高金利でもラクラク払える人はよいが、金利が金利を産む怖さをじゅうぶんに知り、気楽すぎる借金依存症から一日も早い脱出をはかるべきだ。これが今の社会格差の実態なのだ。

●いまこそ自分の仕事や生き方を真剣に考え直そう

たしかに悪いことさえしなければ、ラクして稼ぐに越したことはないだろう。いつの時代もデキる人間がいる反面、いっぽうにパッとしない人間がいるのも世の常だ。

しかし、だからといって、デキる人間が他をひきずり下ろしてまで勝とうという強引なやり方は許すべきではない。また、少しくらいのろまだといっても、愚直ながら真っ当に生きようとする人間が踏みにじられるのを、黙って見ていてはいけないと思うのだ。最近のギスギスした世相を見るにつけ、個々の人が仕事や自分の生き方について、今こそ考え直してみるべきではないかと書きはじめたのがこの本の執筆動機である。

きちんと生きる、とはどんな生き方なのか。それはなにも堅苦しい話ではない。ごくふつうの人が、人間らしく生きるというだけのことだ。なにもあらたまって衿《えり》を正せというのではない。ふつうの人が人間として当たり前の考えを貫《つらぬ》き、自分らしく生きれば、きちんとした人として生きていけるはずだ。そして、それはいつの時代にも、なによりも強く、確かな生き方だと思うのだ。

そうはいっても、世間にはイヤなヤツ、小賢《こざか》しいヤツ、意地悪なヤツ、威張《いば》るヤツ、無礼なヤツなどが幅をきかせ、とかく人間関係のわずらわしさに悩んでいる人が多いのが現実だろう。好きな人もいれば、あとあとまで癪《しゃく》にさわる人間もいる。そういう自分だって、相手からどのように思われているかは正直なところわからない。

その点も含め、「人間らしくありたいものだ」という気持ちをこめながら、本文へと書き進めていこうと思う。

人を理解し立てる人は人に認められる

●ふところの深い人は、やっぱり強い!

自分の力を誇示しない人 何でも「私が、私が…」の人

多くを語らなくても聞き上手であれ

世の中には饒舌《じょうぜつ》の人、いわゆるおしゃべり人間がけっこう多い。こちらが黙って聞いていれば、自分の気がすむまでしゃべり続けるタイプだ。最近はテレビにでてくるタレントや一部の政治家にもこのテが目立つ。

それでも理路整然としているならまだしも、途中で話がコロコロ変わり、いったいなにが言いたいのかさえわかりにくい人がいる。そういう手合いは終始一貫、けっきょくは自分を売り込みたいための「オレが、オレが……」の域をでない話しかしていないことが多い。真の実力者なら、けっして自らを多く語ろうとはしないものだ。

自動車の国内販売部門で半生を送った私は、営業の第一線で売り歩く連中から教えられ

たことが山ほどある。そのなかでも息が長い大器晩成型の人間に共通して言える次の点がわかったことは、自分にとってても大きなプラスであったように思う。

▼口ベタで多くを語れなくてもかまわない。ただしイエスとノー、良いものは良い、悪いものは悪いとはっきり言えること。ありのままの自分を相手にわかってもらうこと。

▼相手の気持ちを上手に引き出すよう誠意と熱意を、言葉ではなくて行動で示すこと。そして聞き上手になること。

▼相手に不安や警戒心を与えないよう、愚直《ぐちょく》でもいいからホンネを語ること。

優秀な営業マンの資質と条件をあげれば、このほかにもキリがないほどあるだろう。たしかに口先で自分をうまく売り込み、一発勝負の大口商談を取ってくる機転や奇策という点からみると、口ベタは口八丁にはかなわないかもしれない。しかし自動車のような商品は、リピーターをひとりでも多くつかんでいる地道《じみち》な営業マンのほうが息は長いし、なによりも仕事にムラがない。

自分を語りすぎる例として、祝辞などの長話がある。大勢の招待客とご馳走《ちそう》を前にして、紋切《もんき》り型のつまらない話をする人がなんと多いことか。長話だけならまだしも、そのうちに「私が、私が……」と言いだしたら止まらない人がいる。誰のための祝辞を述べようとしているのかさえ忘れ、自分のことを語るなんて見当違いもはなはだしい。

これは祝辞だけでなく、会話においても同様だ。人の話を横取りして、自分の話に持っていってしまう人がいる。核心まで話せなかった本人がシラケ顔をするのも無理はない。いっぽうで不利な話に言いよどんでいるときに、「私もね……」と助け舟をだしてくれる人がいる。どう話そうかと思案顔だった人も、こうされたら話が継《つ》ぎやすい。要は、相手を思いやる会話ができるか否かなのだ。

自分を語りたいためには口だけでなく、かなり手のこんだやり方を考える人もいる。千葉に住んでいる友人から聞いた話だ。

友人の斜め前の家人は、なかなか変わった方法で自己PRをする人らしい。互いに家は近いし、同じ年ごろの子供同士はひんぱんに行き来するものの、親同士は顔が合えば挨拶を交わす程度のつき合いであった。

両家がそこに移り住んで一年くらいが過ぎたときのこと。先方の子供が首から紐《ひも》をぶら下げて友人の家へ遊びにやってきた。よく見ると紐の先端に古ぼけた通学定期入れがつけてあった。友人の妻君が「それはなあに？」と尋《たず》ねると、電車ごっこをするから父親の使用済み都電通学定期を持ってきたのだという。

その定期に印刷されていた片方の駅は忘れたが、もう片方の駅名は「東大赤門前」と書かれてあったそうだ。ずいぶん前の話だが、いつの時代でもこのような手のこんだことをする人間が必ずいる。

「じっさいは、黙っていると誰も自分が東大卒だと気づいてくれそうもないから、子供の手を借りて、これ見よがしにやったのだろう。どうもお高くとまっているなと思ったよ」とは友人の弁である。

貧乏くじはやがて大きな福になる

自分にとってそれがトクなことなのか、それとも損《そん》なのかを考えない人なんていないだろう。もしいれば、その人は立派な聖人君子《せいじんくんし》とよんでもよい。

多くの場合において、人は誰でも、物事を損かトクかの尺度で考えようとする。ただし皆がみんな、損トクだけで動くわけではない。トクにはならないとわかっていても「みんなが嫌がるのなら自分がやってもいい」という立派な人もいるのだ。たとえそれが貧乏くじをひかされる結果になろうとも、自分がやってもいいと言える人は、やはり心の大きな人だと思う。

会社であれば、たいていは自分が期中に達成すべき計画と目標を期初に立てて上司の承認をとり、必要なら予算をつけてもらってスタートする。年間、期間、月間、週間計画と、自分なりに仕事を細分化し、狂いが生じないよう自己管理をはかりながら、担当の仕事をこなしていくのが大方の人のやり方であろう。

しかし企業というのは緊急の仕事が発生したり、上層部から突然に特命で新規の仕事がとび込んだりするものだ。そのような場合、管理者が真っ先に考えることは、その仕事内容からみて誰がいちばん適任かであり、そう考えるのはしごく当然のことである。

「急な話で悪いけれど、こればかりはきみにしかできないから頼む」

上司にそういう言い方をされれば、イヤな顔はできまい。

しかし仕事の内容が誰でもできそうなものとなると、話はまったくちがってくる。今どきのビジネスマンはただでさえ日常の仕事に追いまくられ、毎日が手いっぱいというのが実態であろう。自分に課せられた仕事をいかに成果に結びつけるかで、誰もが躍起《やっき》となっている。言うならば請負《うけお》いなのだ。

そういう状況のなかで、新規の仕事をさせられてはたまらないと考えるのがふつうかもしれない。しかも誰でもできる仕事なら、どうせたいした内容の仕事ではない。そんなものを仕上げたからといって、特別な評価がもらえるわけはないから損するだけだ——大方の人がそう考えて体をかわそうとするものだ。逃げるが勝ちとばかり、いかにも今は手が離せないという煙幕《えんまく》をいっせいに張りめぐらすワザは見事というほかない。

そういう場合でも、部下の人物を知りつくしている上司であれば、いっこうに困らない。気持ちよくその仕事を引き受けてくれる部下が誰であるかわかっていて、その人間にしか頼まないのだ。私もそうやってきたつもりだ。

そうすると、やがて煙幕がとれてみんなはホッとした顔をしている。そういう連中はもともとが目立つ仕事、面白そうな仕事、男になれそうな仕事だけにとびつきたがる習性があるのだ。

えこひいきをしてはいけないが、上司にだって部下の好き嫌いは当然ある。なんでも前向きに気持ちよくやってくれる人間なら嫌いになる理由はどこにもない。彼なら損もトクも考えないでやってくれる、そう目をつけてきた人間は、やがてほとんど例外なくと言ってもよいくらい、周りの人から好かれる大人物に成長しているように思えるのである。きちんとした仕事ができる人間なら、損な仕事でもけっして手を抜いたりはしない。

相手をきちんと叱れる人
ダメにしてしまう人

言いづらい話を聞きづらい話にしてはいけない

どんなにうまくコミュニケーションが取れている間柄であっても、どちらかがイヤな話を持ち出さざるを得なくなることがある。そのような場合、それを言われる側がどんな気持ちで聞くかを考えれば、言うほうの側としても気が重くなる。

言いたくないことを言うわけだから、なによりも留意しなければならないのは、聞かされる人の心を傷つけないことだ。言うほうもつらいが、イヤなことを言われる人はもっとつらい。人の心は繊細《せんさい》なガラス細工のように打たれ弱くて壊れやすい部分がある。

厚顔無恥《こうがんむち》で図太そうに見える人でも、その内面には意外に脆《もろ》い部分が隠されている。少少のスキャンダルくらいではヘコタレそうもないと見られていた人物が、自殺という考えられない行動にでることがある。

ものの言い方も相手を慮《おもんぱか》って言わないと、ひとりの人間を殺してしまうことがあるのだ。死なないまでも、その人をダメにしてしまうことがある。

親がうっかり言ってしまったひと言で、子供の心がねじれて横道へそれたといった話がよく聞かれるのもその例と言ってよい。

管理職ともなれば、部下に対して言いづらい話をしないわけにいかなくなる場面が、必ずあるものだ。仲間同士にしても、やむなく忠告してやらねばという気が起こることがあろう。本当なら言いたくない話だけに、どういう言い方をしようかと悩みながら考えていかないと、結果は互いの関係がまずくなったりする。

中小企業であったとはいえ、自動車ディーラーで十年間トップの役職にあった私は、幹部たちにどれくらいキツイ話をせざるを得ない場面にぶつかったか。その回数はとても数えきれるものではない。

だが、トップという立場は一日として口にチャックをすることができないのだ。必ずどこかで言いづらい話が湧《わ》いてでてくる。

言いづらい話とは、たいていの場合が憎《にく》まれ口になる。憎まれ口をそのまま憎まれるように言うのは、いとも簡単なことだ。それを相手が傷つかず、こちらも憎まれないよう言わなくてはいけないだけに悩ましいのだ。

一〇年のあいだに私がいちいち部下の顔を立て、一人一人の気持ちを慮りながら言ってきたかといえば、必ずしもそうとは言えない。あとで「まずいことを言ってしまった」と、後悔したことのほうが多いかもしれない。しかし、いったん口からとび出した言葉は、ふたたび口に呑み込んで消すことはできない。

「叱る」に「励ます」をまぶせば言いやすい

経営者の頭のなかは、いつも数字でごった返している。売り上げ、損益《そんえき》、市場占有率、対前年比、財務指標というように、各部門の計画と実績数字に追いまくられ、切羽《せっぱ》つまると夢にまでみる。

どんな会社でも、あらゆる部門が順調にいくことは、めったにあるものではない。必ず不振部門がでてくる。そうするとイヤでも担当役員にハッパをかけたくなるものだ。これがまた、なんとも悩ましいことのひとつである。

「責任者であるきみがそんな弱気で、それで部下が使命感に燃えるわけがない。なにがなんでも計画を必達しなさい」

つい、このような爆弾のひとつも落としたくなることがある。しかし、このテの爆弾は命中するどころか、ほとんどが不発に終わる。サラリーマンは、このテの叱られ方には不感症になっている。耳にタコができるくらい聞かされているのだから、「またか」と思わないほうがおかしいくらいなのだ。

そりゃ社長は社内では絶対的な存在だけに、イヤとは言うまい。たいていはハンで押したように「ガンバリマス」と言う。だが、こういうときの「頑張ります」ほどアテにならないものはない。ほとんどが「頑張ったけれどダメでした」――それで終わってしまう。

そもそも「どのような方策で頑張るか」の方法論がない。トップもただやみくもに頑張れと叱っているだけでは能がない。「責任者のきみが……」というけれど、叱られる立場からは「なにをぬかす。最高責任者はそっちじゃないか」とムカついている。

けっきょくは、ナマの言葉で辛口《からくち》の叱り方をしても反発するか、もしくは怯《おび》えて縮み上がるかのどちらかだ。私自身の失敗体験から言うと、やんわり甘口で叱れとは言わないまでも、せめてホロ苦い味にまぶして言ったほうがよいと考える。

「きみにしては珍しく苦戦してるじゃないか。きみのことだから最終的にはちゃんと達成してくれるものと信じているが、その前にぼくにも出番があるなら遠慮なく言ってくれよな。なにかほかに足りないことがあるのなら、どんどん相談してよ」

こう言えば間違いなくホロにがい。見方を変えれば、

「ぼくはきみを買っているし、信頼もしているんだよ」

そう励みになる言葉がまぶされてもいる。そうまで言われて燃えないのなら、幹部としては失格とみなされても仕方がないと思う。人によっては、なにも部下をそこまで持ち上げる必要はなかろうと思われるかもしれない。しかし、

「つべこべ言わず、やればいいのだ。クビをかけてやるんだな」

これじゃ脅《おど》しとなんら変わらない。脅しのシワ寄せは重役から部長へのしかかり、さらには課長から一般の社員にまで波及していくのはまぎれもなかろう。

トップのひと言が会社を浮上させることがあるかわり、沈没させることもあるのだ。

ふだんは穏《おだ》やかで自制の利《き》いたリーダーでも、あるときポロッと本音が漏《も》れることがある。いや、部下と会社を思えばこそ、ついキツイことを言ってみたくなる。だが一度口からでた言葉は、元には戻らない。「どうせ、オレのことをいつもそう見ていたんだろ」と、

次にかける期待や励ましの言葉も空々《そらぞら》しく響く。地位が上がれば上がるほど、そのひと言ひと言が重くなることを、リーダーは心得るべきである。

「叱る」より「おだて」が功を奏すときがある

叱りつけた短い言葉のなかにも、相手にとってはそれが妙薬にもなれば毒になることもある。ただ頭ごなしに叱りつけ、追いつめるだけでは効果がないケースのほうが多い。逃げ道がなくなる状態まで追いつめられたら、それこそ窮鼠《きゅうそ》も猫に嚙みつかないわけにいかなくなる。

そりゃ叱るべきときは、きっちりと叱らなければなるまい。しかしほとんどの場合、叱られる側にもなにか言いたいことがあるはずだ。犯罪行為や、よほどの悪事をはたらいたのでなければ、叱られる側にもひと言、ふた言くらいは言い開きの余地を与えてみてはどうだろう。それが理屈に合わない弁解にならなければ、いちおう聞く耳を持ったほうがよさそうだ。そのほうが上手な叱り方ができるからだ。

上手な叱り方とは、ときに励ましたり、あるときは賞《ほ》めてあげるのも効果があるが、もうひとつのやり方として「おだてる」がある。わかりやすい例を紹介しよう。

以前、知り合いの孫が高校三年の現役で四つの大学を受験し、すべて落ちた。偏差値ランクでいえば四校とも五〇以下で難関校とは言えないが、なにせ高校三年の夏まで彼はサッカーに熱中していたのだから無理はない。

このようなケースでは、たいていの親は、次のように言うにちがいない。

「それ見たことか。だから言わんこっちゃない。受験直前までサッカーにうつつをぬかし、それで受かるほど甘いわけがない」

しかし、彼の両親はけっしてなじったり、けなしたりしなかったそうだ。

「長い人生のなかで一年浪人したからといって、どうってことはない。一年のつまずきより、育ち盛りにサッカーで体力を養った収穫のほうがずっと大きい。これまで部活に没頭してきた情熱を、これからの一年間集中して勉強に打ち込めば、さらにハードルの高い大学に挑戦したって十分に受かると思うよ。お前の粘り強い持ち味が息切れさえしなければ太鼓判を押してもいい。お前ならできる！」

両親が口を揃えてそう言ったと聞かされた。これが言える親の子だけのことはある。翌年、その青年は超難関とも言える三校に挑戦し、そのすべてに合格した。

人が心を許す人 人を踏み台にする人

人を踏み台にするのは外道のやること

それが真っ当な人間のやることとか！——そう言いたくなるくらい他人の顔を踏みつぶし、他人を平気で踏み台につかい、自分だけいい子になろうとする人間がいる。私の学生時代からの友人であるKが怒りを通り越し、呆《あき》れ顔で語った話の内容を聞いていると、本当に人の道に外《はず》れたことをする人間がいるものだと実感する。

大手の機械メーカーに勤めていたKが関西の系列子会社へ社長として転出したのは、前任者のMさんが親会社の常務に大抜擢《ばってき》されて帰任《きにん》したことによる交代人事であった。のちにMさんは親会社の専務に昇格し、国内販売部門の統括《とうかつ》責任者にまでなった人だ。

「前任者がMさんであっただけに、会社の隅々《すみずみ》まで知りつくしているからやりにくい点もあるが、しかし反面、気づかいながら面倒もよくみてもらえる」

そのように言っていたKが社長を務めて八年目の終わりに、突然Mさんから呼び出しがかかった。このときすでに六〇歳を超えていたKは、いよいよ勤め人の足を洗うときがきたかと覚悟して上京した。

ところがKの予想は外れた。北陸地方にある子会社の立て直しで、もうひとふんばりしてくれないかと言われたのだ。

四国生まれのKは、正直言えば雪国を好きではなかった。それに関西での長い単身赴任生活に疲れを感じはじめてもいた。辞退できないものか、という考えがよぎった。しかしKの気持ちが揺らいでいるのを、Mさんは鋭く察知したのだろう。

「まさか、ぼくがこうして頼んでいるのだからイヤとは言うまいな。あと二期四年間だけだと約束してもいいから、もういっぺん最後の奉公をしてくれよ。ずっと小さい会社へ移るのだから左遷と思うかもしれないが、それはちがう。きみなら今の厳しい状況から立て直してくれると考えて頼んでいるんだ」

Mさんのほうから先に釘《くぎ》をさすように言われてしまった。グループ内でみれば左遷人事と受け取られてもおかしくない転籍《てんせき》である。

「これまでの互いの人間関係を考えながら、イヤだと言わせないようにうまく口説き落とされたように思う」

当時、Kが苦笑いしながらそう語ったことがある。

ところが翌年Mさんが病気にかかって急逝《きゅうせい》し、それで事態が豹変《ひょうへん》した。Kの北陸での二年目が終わる直前、親会社でMさんの後任となったF専務からこう告げられたのだ。

「近年、わがグループ全体の業績が冴《さ》えない。本意ではないけれどもリストラもやむを得なくなった。そこであなたもリストラの対象者リストにのっているのだが、念のために言っておくと、あなたの場合は病床にあったMさんの遺志《いし》なんだ。Kはもういいだろう？っ て、Mさんがはっきりそう言ったんだ」

声にこそださなかったが、Kは「ウソだ」と胸のうちで叫んだという。

「百歩ゆずって、本当にMさんの遺言にぼくの名があったにせよ、いま人事権を握っているのはFだろう。会社を取り巻く環境が急変しているのだから、正々堂々、六〇歳をとっくに過ぎた者は退いてくれ、とキッパリ言えばいいじゃないか。それでも辞めようとしなかったら、今の時代はバチが当たるよ。たとえ四年の約束が二年でクビになろうと、そんな問題はたいしたことではないのだよ。

でも、どうしても許せないことが、ひとつだけある。それは怨《うら》まれ役になりたくないために、F専務がホトケ様になった人の名を騙《かた》り、自分がいい子になろうとした行為だ。これだけは人間の風上にもおけない外道《げどう》だと言いたい」

ふだんはおとなしいKだが、このときばかりは顔を真っ赤にして怒るまいことか。さらに、唇をまくり上げながらこんなことも言った。

「現役引退後もFはいろんなOBの会に顔をだしているが、昔の仲間たちが自分を遠ざけようとしているのが本人にわかってないらしいところをみると、ぼつぼつボケがはじまったのではあるまいか。なにしろ昔、彼が掘った落とし穴に足をさらわれそうになった連中が、かなり大勢いるんだ」

大企業でいっぱしの重役ヅラをしていた人間ほど、引退後は外との関係がプッツリと切れ、寂しそうな退屈老人になっていく者が意外に多い実例を私も知っている。

辞めてしまえばみんなタダの人になる。だのに人事権という伝家の宝刀を失ったあとも権力の幻想にまだ取り憑《つ》かれているのか、各種のOB会などでワイワイガヤガヤ楽しそうな昔の部下たちを、隅のほうからジッと睨《にら》みつける元の重役がいたりする。輪からはみ出て面白くないのであれば、はっきり言って顔をださなければいいと思う。

ふところの深い人ほど相手の気持ちを汲みとれる

いい意味での個人主義は否定しないが、自分のわがままを他人に押しつけたり、他人を蹴落《けお》としてでも自分がよければいいという利己主義はいただけない。

身勝手な利己主義が通るのは、人間なら物心がつきはじめるまでの幼児が限度だ。小学生ともなれば、ぼつぼつ人の気持ちをわかろうとする心の発育が目立ちはじめても不思議ではないと思う。

人はみんな、生存競争に身をさらして生きていく宿命にある。誰だって競争に勝ちたいという気持ちが本能的に芽生えてくる。

むずかしい試験に合格したとき、同期入社のなかで自分がひと足先に出世したときなどに喜ばない人はまずいるまい。しかし、いくらうれしいからといって、周りをはばかりもせず狂喜乱舞するなどは、まともな神経の持ち主ならとうていできることではない。それじゃまるで「ザマァみろ」と言わんばかりに見える。

いっぽうで試験に落ちた人、出世レースに後《おく》れを取った人がいるわけだ。それらの人たちが無念な思いをし、失意の底に沈んでいるとしても、それはなにも直接的には自分が蹴落としたわけではもちろんない。合格者枠《わく》の定員がある以上、受験者が多ければ落ちる人がでるのは仕方のないことだし、出世レースの一番乗りをしたからといっても、たまたま人事に影響力の強い上司のおかげという幸運に恵まれただけかもしれない。

たとえ自分がたまたま幸運にめぐまれたとしても、そのかげには不運な人たちがいることを忘れない人間でありたいものだ。負けた人、気の毒な人、ツイてない人に思いを馳《は》せるだけの人間味がなくて、それで人に好かれようというのは虫がよすぎる。他人に思いを馳せることも「考える力」であり、人の不運や苦しみをわかってあげられる「愛情」と「友情」から生まれるのである。

少しくらい考える力なら、犬にだってある。いわゆる「お手」をすれば食事をもらえるという習慣を身につけた犬は、おなかが空けば飼い主のそばで片方の前足を上げながら、つぶらな瞳で空腹を訴える。ここまでならたいていの犬が習慣として身に覚えさせることができる。しかし、その行為は利己主義だ。

なにが言いたいのかと言えば、考える力が犬にも劣《おと》る人間がいるということだ。とくに近年は、子供から若年層にかけてその数がふえているように思う。国としても「考える力」

の教育に、もっと力を入れるべきとの議論が高まっている。

自己中心主義の人間は、周りの人の気持ちなんか眼中にない傾向が強い。自分さえよければいいという考え方が根底にあるからか、たとえば仕事面でも成果は自分の手柄、失敗は他人の責任といった行動が目につく。人の気持ちを受け止めながら考えてあげるだけの受容力がなければ、けっきょくは大人物ではないわけだ。

本当の意味で「あの人はふところが深い」と言われる人は、相手の気持ちを汲《く》みとる深い心を持った人のことだ。職場で部下の言うことはなんでも受け入れてくれる上司のことを「あの人はおおらかで、ふところが深い」などと持ち上げている手合いがいるけれど、はっきり言ってそれは当たっていないことが多い。

ダメなものをダメだと言わない人物は、じつは、ふところで受け止める前に脇の下からこぼしてしまっているだけなのだ。本当にふところの深い人は、澄みきった水を満々とたたえる湖のような心の持ち主のことを言うのだと思う。

紺碧《こんぺき》の水をたたえた湖のほとりに立つと、人はみんな気持ちをほぐして心を和《なご》ませる。心がサラサラに洗われたような気分になる。そうだからこそ、その人の周りには黙っていても人が集まるのだろう。

気持ちがまっすぐな人 腹の中が読めない人

ズケズケ言う人を煙ったがるな

人物判断術のひとつに、モノの言い方でその人の性格から人柄までわかると明言する人さえいる。図星《ずぼし》をついているとは思わないが、そういう見方をする人がいてもおかしくはなかろう。しかし、皆がみんな同じ見方で読めるわけではなく、たまに極端な例外もあるから決めてかからないほうがよい。

モノの言い方にはその人のクセと特徴がよく表れるものだ。きつい調子、ソフトな言い回し、つっけんどん、チクチク、クドクド、ネチネチ、グジグジ、ボソボソ、あっけらかん型など、威圧的なものから愚痴《ぐち》っぽいものまで面白いくらい個々にちがいがある。

なかでもいちばん嫌われるのが、ズケズケ、またはズバズバ、自分の思っていることをナマのままでぶつけるタイプだろう。相手が気持ちを害そうと害すまいと、そんなことはおかまいなしといった態度で押しまくるから、誰だって煙ったくなるに決まっている。

しかし相手のしゃべる言葉を耳だけで聞き取ってはいけないのである。相手の顔、とくに目から感じ取ることが肝心《かんじん》だ。「目は口ほどにモノを言う」ともいわれるが、人によっては口よりも眼差《まなざ》しではっきりモノを言ってくれる人がいるのだ。

親会社のメーカーから系列の自動車販売会社へ代表者として着任したとき、私は一週間ほどかけて、県内の主なお客様のところへ就任の挨拶に回ったことがある。言うなれば支店長や営業所長に体をあずけ、彼らの意のままにひき回されながらの顔見せを兼ねた表敬訪問である。

そのとき強烈なモノの言い方をした、ひとりのお客様がいた。五〇台ほどのトラックを所有している運送会社のオーナー社長である。

「新任の社長ハンやから言うておきまひょ。現在、ウチにはおタクのクルマは一台もおません。そのわけは古い話になりますが、おタクから買い入れたトラックに手こずり、えらい目に遭《お》うたんですわ。なにせ2サイクルエンジンで他メーカーとは構造がちがい、自家整備が思うようにいかんのには参りましたでぇ。ウチのメカはお手上げやと言うて文句タラタラでしたワ。

そんなこんなで、おタクのクルマはもう結構やと断り続けとるのに、それでもこりずに何年も売り込みにくるおタクの支店長や営業マンの熱心さには、ほんまのところ感心して脱帽させられまっさ。メーカーから天下《あまくだ》りでこられた社長ハンとしては、優秀な部下がおってくれて幸せなことでっせ」

その第一印象としては、「どのツラ下げてやってきたんだ」と言わんばかりに聞こえなくもない。出入り業者だとはいえ、こうまでコテンパンに出鼻をくじかれると、正直なところ耳が痛くなる前に腹が立ってくるか、さっさと引き揚げたくなってもおかしくない。

ふつうなら目と目で火花を散らし、あとは気まずい空気につつまれる場面だ。しかし私は妙にそうはならなかった。そのオーナー社長の眼窩《がんか》の奥に、おおげさに言えばオーラのようなものを感じ取ったからだ。わかりやすく言えば、笑みをたたえた優しい眼差しがこちらに注がれているかに見えたのである。

世界でも珍しいディーゼルの2サイクルを買い入れたのはいいが、取り扱いに手こずって泣かされたと、はっきりモノを言う。さも「もうこりごり」と言わんばかりだった。そうかと思うと、支店長や営業マンの真面目な仕事ぶりを新任の私にわからせようと気をはたらかせる。それを言ったときの語感から、彼らの熱心さにほだされ、そろそろおタクのクルマを買ってもいいんだよ——と、そう言ってくれている眼差しだと私には感じ取れたのだ。いわゆるインスピレーションである。

初対面の人に対し、その人がどんな人かを、インスピレーションでインプットするのは誰でもあることだと思う。必ずしもひらめきどおりとはいかないこともあるが、このオーナー社長の場合はピタリと当たった。

やがて、バブル景気の波にうまく乗ったその運送会社はいっきに社業を拡大させ、私の会社は億単位になろうかというくらいに大口の注文をもらった。ロット商談がまとまったとき、そのオーナーはこう言って笑いとばしたものだ。

「こんどのクルマは儲《もう》けさせてくれるんやろな。ほんまに、たのんまっせ」

「ハイ。おツリがくるくらい稼《かせ》いでくれると確信しております」

半分は冗談であったにせよ、私がそう答えたのは相手の人柄がよくわかってきたから言えたのだと思う。ちょっとエラそうに聞こえたかもしれないが、この商談に私はいっさい関与していない。それは、なにを言われようがくじけることなく、あきらめずに通い続けた部下たちの手柄である。彼らの熱意と根気のおかげで、私は棚の上のボタモチをおいしくいただいた立場である。

オベンチャラが上手すぎるのは要注意

竹を割ったような性格の人なら、たいていは冗談と本気を混同するようなことはないとみてよい。先のオーナー社長がまさにそうだと言えよう。

反対に口ではオベンチャラを言って持ち上げるのがうまいが、なかなか腹を割って話そうとしない人がいる。むしろそのタイプの人間のほうが、数では多いかもしれない。言うことと考えていることがまるでちがい、どこまで信頼してよいか、つかみにくい。

「当社ごときのちっぽけな会社に、大手ディーラーの社長さんがじきじきに訪ねてくださるなんて、それでクルマを買わなかったらバチが当たりそうです」

訪問するたびに歯が浮くような言い方で恐縮しながら、ついに一台も買ってくれなかった運送会社の社長も何人かいた。なにしろ耳当たりのよい話ばかりなので、ついその気にさせられてしまう。

言うまでもないが、ここで相手のことを悪く書いても仕方がない。相手を買う気にさせられなかった自分の落ち度について考えてみることのほうが先であろう。

世の中にはモノを売る仕事をしている人で、「この客は」と目をつけた相手の十人中九人までは落としてみせる腕利《うでき》きがいる。そこへいくと、オベンチャラを言われていい気になっていた私には、まだまだ人を見る目がなかったのだと言われても仕方があるまい。

口がうまいだけなら、まだわかりやすい。なかなか見抜けないのが、胸のなかに仕舞《しま》い込んだ一物《いちもつ》を見せようとしないタイプだ。腹黒《はらぐろ》い人間という言い方があるが、口がうまければうまいほど、腹のなかは読みにくい。

このテの人間にかかわることほどバカらしいことはない。それならむしろ、はじめから買う気なんか起こらないとはっきり言ってくれたほうがよほどマシだ。あるいは、イヤ味たっぷりにでもいいからノーと言ってくれたら、わかりやすいのにと思う。

会社や職場でも、口先ではうまいことを言いながら他人を手玉にとり、利用できそうな相手は片っ端から利用しようという魂胆《こんたん》の輩《やから》がいる。このタイプはヨイショで持ち上げるのも上手だが、気をつけなくてはいけないのは、二階に上げておいて梯子《はしご》をサッと外すワザもじつに鮮やかなことだ。口では人を立てるようなことを言い、ひどいのになると落とし穴に突き落とそうとする者さえいる。

イヤな相手も丸くさせる人 険悪な関係にこじれる人

どうしてもイヤな相手には やんわり丸く断る

人間関係では我《が》を張らず、こちらが相手を受け入れてあげる努力は必要である。しかし自分を押し殺してまで、なんでも相手に合わせる必要もないと思う。それをするなら言いなりな家来《けらい》で甘んじるも同然だ。

どうしてもその相手とだけはつき合いたくない、しかし親戚とか隣同士、あるいは職場や仕事上で関わりを断《た》つわけにいかないといったケースが現実にあると思う。正直なところ、私にも仕事の上でそれがあった。

イヤな上司でも報告や相談をしないわけにいくまい。顔を見るのさえ気分が悪くなるほどの相手でも、仕事を進める上からは、打ち合わせや依頼ごとをせざるを得ないことがあるものだ。ことにサラリーマンのように三〇年、四〇年といった長いスパンを考えたら、いつ、誰と、どこで、どういう関わりが巡《めぐ》ってくるかはわからない。嫌いな相手の世話をするより、世話になるやもしれないのだ。

それだけに互いのあいだを、深い溝《みぞ》で閉ざしていてはいけないのである。たまには水門の栓《せん》を抜いて、溝の水の流れをよくしておく必要があると思う。

「ところで、今晩、たまにはどう？」とイヤな相手から声がかかったりすることがある。ホンネとしては断りたいだろう。そんな相手と飲んでもストレスがたまるばかりだ。しかしそういうときの対応には、できるだけ気をはたらかせたほうがよい。

三度が三度とも断るのは考えものだろう。こちらが苦手意識を持っていれば、たいてい相手のほうもほぼ同じ意識を持っていると考えてよい。そうであるのにコミュニケーションをはかろうではないかと誘うのは、つまりは相手が互いの距離をもっと詰《つ》めたいと望んでいるからにほかならない。

先に声をかけたということは、かなり自分の意志を折り曲げているとも受け取れる。言い方を換えれば、メンツにかけて誘い出していることになる。そう考えていけば、冷たくムゲに断ってはいけないと思う。

今回はどうしてもつき合いたくないと思えば、そこは相手のメンツをつぶさないような断り方をすべきだろう。相手の顔だけは立てておいたほうがよい。

間違っても「今日は退社後、その足で散髪に行くことにしている」などと言ってはいけない。たとえ行くつもりであったとしてもだ。散髪ならなにも今日でなくともいいではないかと、相手の気持ちにキズがついてしまう。

ウソでもよい、相手が「それなら仕方がない」とすんなり聞き入れてくれるような断り方をすべきだろう。たとえば、今夜は田舎から親族が来ることになっているとか、妻が風邪で寝込んでいるからと、どうしても繰り合わせることができない理由をつけることが肝心だ。さらには「次はぜひ……」と、つき合う気持ちがあるという余韻《よいん》を残すくらいの言い方ができれば、もっとよい。

それが嫌いな相手とのうまい距離のとり方であり、間をおくコツでもある。

鋭く切り返してくる相手は柔和に呑み込む

会議の席はもちろん、何人かで和《なご》やかな雑談を交《か》わしているような場合にも、ここぞというタイミングを見計らっていたかのように切り返してくるのがよくいるものだ。切り返すだけならまだしも、さらに鋭《するど》く切り込んでくる者もいる。

もともと人の話を聞き入れようとしないタイプに多くみられる。そして、なんでも知っているような顔をしたがる多弁《たべん》家であることも共通している。必ず一度は切り返さないと気がすまないのだから、たいていは自己顕示欲《じこけんじよく》型であるところも似ている。

人の話を横取りするクセの人間もいるが、それと切り返しとはかなり性格がちがうように思われる。横取りタイプは人の話をグチャグチャにまぜ返し、収拾《しゅうしゅう》がつかなくなると口数が減るからまだ可愛いところがある。しかし、切り返しタイプは相手から一本取ってやろうという魂胆がありありで、なによりも意地が悪い。

たとえば、「それはちがう。ぼくはそうは思わない」からはじまり、「きみの考えは問題の核心から逸《そ》れているよ。もっと掘り下げていかないと、核心を突けないいんじゃないのか」などと、いかにも自分は問題の急所がわかっているようなことを言う。なにしろ能弁《のうべん》家が多いうえに、なかなか引きさがろうとしないのには参《まい》ることがある。

しかし、このタイプに参ったフリをみせるのは禁物である。こちらが弱気とみるや、ますます調子にのってくるからだ。さりとて強く反発しても火に油を注ぐ結果になりかねないから厄介《やっかい》である。

言ってみれば一種の揚げ足取りなのだが、キリでもむように急所をグイグイ突いてくるところが、たんなる揚げ足取りとはちがう。このテの人間に対しては、できるだけ防備をかためて臨んだほうがよい。真っ正面から「そうは言うが……」などど切り返しをはね返すのではなく、鷹揚《おうよう》な構えでやんわりと受け止めることが大事である。さもないと口角《こうかく》から泡《あわ》を飛ばすハメになる。

それ、きたぞ、と思ってもあわてることはない。むしろ柔和《にゅうわ》な笑みを浮かべるくらいの態度で応酬《おうしゅう》してはどうだろう。

「そこなんだよね。こっちもそこが甘いんじゃないかとは考えたんだ。もういちど検討はするが、そちらにいい考えがあればぜひ聞かせてほしい」

たとえばこのように言って、相手を呑《の》み込んでしまえばよい。すると悦《えっ》に入《い》っていた相手のトーンは必ず下がる。もともと問題解決の決め手になるような意見を持っているのではなく、だいたいが切り返しの切れ味を楽しむための意見でしかないのだから、それ以上は突っ込みにくくなるはずだ。このような関係がしばらく続けば、「あいつには切り返しがやりにくい」という考えがしだいに固まってくる。

同じように「それはちがう」と正面から否定してくるが、人間性はまるで異なるタイプがいる。コチコチの真面目《まじめ》人間で、いい加減なことが大嫌いな性格の人だ。

どちらかと言えば寡黙《かもく》である。ちょっとでもおかしいと思えば、正面きって反対意見を述べる。真面目人間なのだから言うのはかまわないのだが、彼らにも、じつは大きな欠点があることが多い。

「これはちがう。正しいのはこうだ」

と、たしかに正しいことを言うのだが、それを自分が言うと相手はどうなるだろうかといった気ばたらきが足りないことだ。大勢の人の前で相手に恥《はじ》をかかせても、知らんぷりをしている。これを言えば相手の心にキズをつける結果にならないかなど、そういう面にはまるで気が回らないのが多い。

小さいときから人を思いやる気持ちが育っていないのだから、そんな相手に、よくも恥をかかせたなと怒ってもしようがない。むしろ相手は真面目な気持ちで「正しいことを教えてやったのに」と、そう思っているにちがいないのだ。

石部金吉金兜《いしべきんきちかなかぶと》も、度を越えるとつき合いにくい。しかし、彼らは生来《せいらい》が悪人でないことはたしかだ。人づき合いもけっして上手とは言えないし、友人も少ないようだ。彼らのほうから近寄ってくることはまず考えられないだろうから、こちらから積極的に歩み寄っていくことだ。つき合ってみると、なかなか面白いタイプの友人になれる。

言いたくない話を言うときの気くばり

ふだんから相性の悪い相手には、思ったとおりのことを言いやすい場合がある。むしろ反対に、親しすぎて言いにくいことがある。互いのあいだに距離がないだけに、これを言えばシコリが残り、ふたりの仲がこじれてしまわないかと、かえってよけいな気がはたらいて言い出しにくくなるのだ。

以前、私が販社の代表であった当時、たいへん困った話が耳に入ったことがあった。ある支店の営業マンが、納入する新車と下取り中古車の相殺《そうさい》にひと工夫をこらし、浮かせた差額をチョロマカシているという噂が聞こえてきたのだ。

このたぐいの話が会社のトップの耳に入るまでには、かなりな時間がかかっているものだとみたほうがよい。つまり、その時点では事態がかなり進んでいるものと考えたほうがよいのである。それは現場の責任者たちが、なるたけならトップに知られるまでに解決しておこうと、あらゆる手をつくしているうちに時間がたってしまうからだ。

　さっそく責任者である課長と支店長を呼んで事情聴取をした。しかしふたりとも口を揃《そろ》えて「目下《もっか》、調べています」と、それしか言わなかった。じつはこのとき、私のなかではYというその営業マンを信じたい気持ちのほうが強かった。

　それというのも、Yとは前年まで、社内労組のトップとして賃上げや労働協約の改定交渉で渡り合い、ひざ詰《づ》めで夜を徹して話し合った仲であったのだ。お互いに腹を割って話し合える相手だと信じていたのである。だから私は、ふたりだけの場所へYを呼んで、次のような言い方をした。

「きみにかぎって、まさかとは思うが」と前置きし、いろいろ事情を聞いたあとで、「ぼくはきみを信じているよ」とまで付け加えたものだ。

　言いにくい相手に、本来なら言いたくないことを、否応《いやおう》なしに言わなければならない局面に立たされると、こうも憂《ゆう》うつになるものかと、あらためて知った。このような場合、「きみにかぎって……」という前置きと、「きみを信じる」という付け足しは、今後のお互いの関係をつなぐためにも最低限は必要な言葉ではないかと考えて言ったのだ。そのことは今でも間違いではなかったと思っている。

ただ間違っていたのは、私の人を見る目の甘さだった。この一件に関しては、前置きや付け足しという、よけいな気くばりなんかまったく不必要に終わった。

取り調べ中ですと答えた管理者たちは、すでにあの時点でYの両親と直談判《じかだんぱん》を交わし、実家が弁償する話までつけていたのだ。Yを即刻懲戒解雇《ちょうかいかいこ》したのは当然である。私を含めた監督責任者を、当分のあいだ減給処分とするよう役員会で決めたイヤな記憶がある。

言いたくはないけれど言わないわけにはいかず、しかも人間関係をこじらせたくないと思うなら、かなり気をもみながら言う必要がある。わかりやすい事例で考えてみよう。

部下が仕事上で決定的なミスをしているのを知らんぷりする上司はまずいないだろう。どんなに気が重くても、注意しないわけにはいかないはずだ。

「こんな仕事をしろなんて誰が言った。きみはいったいなにを考えているんだ」

頭ごなしにこう叱る管理職がけっこういるけれど、それだけでは上下の溝は深まるばかりだ。良識ある上司なら、その部下との今後のコミュニケーションのあり方を考え、叩きのめす言い方よりも、やんわりと心を奮《ふる》い立たせるよう気をつかう。

「どこを間違えたか、きみらしくないミスだ。やり直してくれ。きみならできる！」

ミスのポイントを指摘しながらそう言えば、たいていの部下は気を取り直すはずだ。

さて、あなたはどちら？

❖イマイチの人は誰も評価してくれないので「オレが、オレが…」と自分の力を吹聴するが、**きちんと生きてる人**は、自ら多くを語らずとも、人がその実力を認めてくれる。

❖イマイチの人は多くを語っても肝心な部分はお茶を濁《にご》すが、**きちんと生きてる人**は、イエスとノー、良いと悪いをはっきりさせ、なぜそう思うのか自分の真意を伝えられる。

❖イマイチの人は説得するときに、自分の都合ばかりを言葉巧みに話すが、**きちんと生きてる人**は、相手を慮って話を聞く。そのうえで熱意と誠意を示し、わかってもらう。

❖イマイチの人は自分の都合の悪いことを流暢《りゅうちょう》な日本語で切り抜けるが、**きちんと生きてる人**は、逃げずにホンネで語り、もし非があれば素直に反省し、やりなおす。

❖イマイチの人は「商売はモノを売ること」と考えるが、**きちんと生きてる人**は「人に喜ばれるモノを売ること」と考えるので、お客に長く愛される。

❖イマイチの人は損トクを考えて仕事をするので、結果もそこそこ残しはするが、**きちんと生きてる人**は、人が嫌がる仕事も引き受け、それを実力にして大きな結果を残す。

❖イマイチの人は言いづらい話を簡単に済まそうとしたり、つい憎まれ口になるので相手は傷つくが、**きちんと生きてる人**は、相手の心に添い、顔を立てて話すので得心される。

❖イマイチの人は部下を叱るときに、自分の立場に執着するので「非を責める」かたちになるが、**きちんと生きてる人**は、部下の成長を考えるので「教え、励ます」かたちになる。

❖イマイチの人は「怒りが叱りのもと」になっているので相手はいたたまれないが、**きちんと生きてる人**は、相手の言い分も聞き「教え諭《さと》す」ので、相手も素直に反省する。

❖イマイチの人は自分がいい子になるために他人を売ることもするが、**きちんと生きてる人**は、不利な立場に追い込まれても、言い訳をせず頭を下げる。

❖イマイチな人は幸運な出来事に舞い上がり大いに喜ぶが、**きちんと生きてる人**は、不運な人にも配慮しながら喜びをかみしめ、その幸運に感謝する。

❖イマイチの人はズバリ物申す人を煙たがるが、**きちんと生きてる人**は、その人の真意を汲みとれるので、苦言は成長の糧《かて》になる。

❖イマイチの人はだまされたとき、相手を責めて被害者ヅラするが、**きちんと生きてる人**は、だまされた自分にも非があったことを反省するので、またひとつ強くなる。

❖イマイチの人は嫌な相手を避けて溝を深めるが、**きちんと生きてる人**は、避けずに、こびずに、ムキにもならず、敵にも味方にもしようともしないので、いい距離でつき合える。

人や物事に謙虚な人は人に押し立てられる

●誠実な人は、やっぱり強い！

誰にでも腰の低い人 偉そうに人を見下す人

爽やかな挨拶を自分からできるか

もうずいぶん前の話になるが、日産のキモ入りでオープンした埼玉県にあるゴルフ場へ私はよく通った。ゴルフでは多くのことを学んだとも思っている。ある朝、ゴルフ場の更衣室で着替えをしているとき、私のロッカーのすぐ隣にひとりの紳士が現れ、いきなり澄《す》みわたる大きな声で先に挨拶を受けた。ふつうなら「おはようございます」だけで終わる。いや、見知らぬ者同士なら、それすらないことのほうが多い。ところがその紳士はまるでちがった。

「きょうはまた、なんと格好のお天気で」

いかにも爽《さわ》やかな口調でそう言われたのだ。それに私がどう答えたかを憶《おぼ》えていない。

それというのも相手が大歌手の藤山一郎《ふじやまいちろう》さんだと、すぐにピンときたからだ。私はアガッテしまったのである。

歌手とはいっても私のなかでは、並の歌手とはわけがちがう。昭和の時代を歌い続けた大御所の藤山さんを、私はとびっきりの大スターというイメージでずっと憧《あこ》れてきた者のひとりだったからだ。昔、「影を慕《した》いて」とか「酒は涙か溜息《ためいき》か」を、今は亡き姉が蓄音機《ちくおんき》でよく聞いていた思い出がある。

しかし藤山さんの歌で好きなのは、やっぱり軽快なリズムの明るい歌だ。「丘を越えて」もいいが、なんといっても「青い山脈」を聞くと気が晴れる。

それにしてもあれほどの大スターが、一介のゴルファーにむかって気さくに挨拶されるなんて夢にも思わなかった。ごく自然に、親しい間柄ででもあるかのように、淀《よど》むことなく先に挨拶されたことにびっくりしながら、私は自分の口重《くちおも》なのに恥《は》じらいすら感じた記憶が今も残っている。そして藤山さんの明るい声が、澄みわたる空に連なる青い山脈から聞こえてくる山びこのように、私のなかで今も響いている。

同じころ千葉県内にあるホームコースで、私はもうひとりの有名な歌手とクラブ競技で一緒に回り、優勝を争ったことがある。流行歌ではあるが、いわゆる演歌とはちがう。

その人とはスタート前にお互いに名字を名乗って簡単に挨拶を交わしはしたが、頭文字でKと言ったその人が、まさか本モノのOさんという歌手だとは思わなかった。ただ、誰かに似ていると、妙にひっかかるものはあった。当時のOさんは歌手として有名ではあったが、本職はサラリーマンであった。だからあとでキャディーさんに耳打ちし、KさんがじつはOさんであると教えられ、やっぱりそうかとわかったのである。NHKテレビの四五分間番組を独りで歌い続けるくらいだから、Oさんも現代の大歌手と言ってよい。

ゴルフはコースと目標スコアにワザで挑戦する遊びだ。Oさんのプレーぶりから、目標に挑戦するときの研《と》ぎ澄まされた鋭い集中力には迫力を感じさせられた。さすがに一流大学出のインテリ歌手だけのことはある。

口数はけっして多い人だとは思わない。しかし十八番ホールを終えた瞬間、Oさんの表情がいっぺんにゆるみ、一緒に回った三人に軽く会釈《えしゃく》しながら「どうも……」と言ったそのときの顔が印象的で、どことなく人なつっこさすら感じ取れた。

ふたりの大歌手の人柄から思うことがある。それぞれにタイプは異なるけれど、自分は有名人だとばかりアゴをしゃくり上げたりする態度をどこにも見せないところが、気持ちにゆとりある大スターのゆえんなのだろう。

電話器にペコペコ頭を下げて話してはいけないか

悲しい出来事でお悔やみや見舞いの電話をかけるとき、まさかニタニタしながら話す人はいないだろう。いくら相手に顔を見られない電話器でも、まともな人間なら、笑みをうかべながら悲しい内容の話を伝えられるわけなどない。

慰《なぐさ》めの言葉を伝えたいのなら、自然に相手に対して同情の念を表すような声音《こわね》になるものだし、逆にめでたいお祝いの言葉を伝えたければ、イヤでもハリのある声がでてくるものなのだ。そのときの感情を、話しぶりでごまかそうとしてもできるものではない。声音やイントネーションには個々に特徴があるものの、その人の感情は微妙な響きとなって、話しっぷりににじみでるものなのだ。

東支店のAは、社内全体でも屈指《くっし》の辣腕《らつわん》営業マンであった。そのAがライバル意識をむきだす相手が、西支店でコツコツと粘るBであった。東西支店とも売り上げ成績は両君の肩にかかっているといってよいくらい、この二強は腕利《うでき》きの営業マンだった。

ただ両君が異なる点といえば、Aを「動」とするなら、Bは正反対の「静」であった。

口数からして、AはBの五倍くらい多かったように思う。ああ言えばこう言うAに対し、Bのほうは、なにか言われると真剣な顔で考え込むようなところがあった。

ある昼休みに東支店に寄ったことがあった。ちょうど営業マンたちが雑談を交わしていた。そのときAがしゃべった言葉が妙に頭にひっかかった。

「西支店のBはアホちゃうか。客から電話がかかるととっさに立ち上がり、話が終わるまで、電話の前でペコペコお辞儀を連発するんやで」

関西弁で「アホちゃうか」と言えば、東京弁では「バカじゃねえか」と同じニュアンスだ。たしかに口も八丁手も八丁のAから見たら、電話器にむかってへーコラと頭を下げるなんてアホらしいと思うのかもしれない。

しかし、Bのやり方をアホのすることと決めるのは間違いだと私は考える。Bにとってお客様は神様みたいな存在である。無意識のうちに崇《あが》めて感謝する気持ちがBを立ち上がらせ、ありがたい話や、申し訳ないと思う話がでるたび、自然なかたちでお辞儀という仕草になって表れるのだと思う。

アリガトウもスミマセンも、口先だけで言うのと、気持ちを動作に表しながら言うのとでは、それを受ける側の耳に伝わる響きが、まるでちがってくるものだと思う。

ものは言いようで丸くもなるし角も立つ

ふつうの人でも自分のほうが上位の立場にいると、ついモノの言い方にまでそれを表そうとする人がいる。横柄《おうへい》な態度で命令口調になったり、威張り散らしたりする。

タクシーのドライバーが、まさか客に対して「乗せてやるか」という潜在意識を持っているはずがない。むしろ客のほうが「乗ってやるか」という気持ちを抱いているだろう。にもかかわらず、身も心もすくむほど乱暴な運転をされ、文句を言えば「イヤなら降りてくれ」とばかり、鋭い目つきで睨《にら》まれたという話があるのはなぜだろう。それにはそれなりにワケがありそうだ。

「○○まで走ってくれ。時間がないから急いでくれ」

「その先を左へ曲り、横道に入ったほうが早く着ける。そっちへ走ってくれ」

おそらくこのように「客はオレなんだ。お前はオレの言うことを聞いて走ればよい」と言わんばかりの優越意識から、ドライバーがカチンとくるようなモノ言いをしたのではないだろうか。あるいはアゴをしゃくり上げ、ブスッとした顔で行先だけを告げ、あとはふんぞり返ってドライバーの心証を悪くしたのが、乱暴運転の原因かもしれない。

大都会において、タクシーの運転という仕事はハードである。イライラが募《つの》り、ただでさえストレスがたまる。そういう職業の人には、心が和《なご》むような接し方をしてあげるのがいいに決まっている。

「申し訳ないが、遅れそうなので早い道を走ってもらえませんか。悪いねえ」

こうソフトな口調で頼む客を乱暴に扱うドライバーなんて、まずいないと思う。

ヨコの人間関係もねじれてくると厄介だが、タテの関係、すなわち上下の関係は、ねじれる前にぶっ壊《こわ》れて修復できなくなる。たった数キロの区間を走ってもらうだけの人間関係でも、互いにコミュニケーションの取り方がまずいと両方が不愉快になる。

行き先を告げることは伝達することであり、命令することであってはまずい。職場で、「これはきみの仕事だ。今週いっぱいで必ずやれよ」

上司に頭からそのような言い方をされたら、内心では「そんなものまで押しつけられるほど給料はもらってねえぞ」となり、どうせ成果は期待できまい。

「急がせて悪いが、週末までにまとめてくれないかなァ。きみならできると思って頼んでいるんだ」。こう言われてこそ部下はヤル気を起こすのではないだろうか。

人に感謝して生きる人 オレ流を押し通す人

周りに人がいてくれるから自分がある

ＮＨＫの連続ものドキュメンタリーで、鶴瓶《つるべ》さんの「家族に乾杯」、あるいは関口知宏《せきぐちともひろ》さんの「列島縦断　鉄道乗りつくしの旅」などで登場してくる日本各地の大勢の人たちを見ているとホッとする。

「日本人はまだまだ捨てたものじゃない」

番組が終わるとそんな気分にひたることができる。みんな元気で明るく、人なつっこく、人情が豊かで心が温まる老若男女ばかりがテレビに映し出されるからだ。

しかし現実社会は、テレビにでてくるような丸くてにこやかな人たちばかりではないはずだ。自分勝手な利己主義を押し通し、コミュニティーの輪を歪《ゆが》めている人間がふえているのが実態だろう。

オレにはオレの生き方がある、それのどこがいけないのかと、オレ流を貫いているのだろうが、やっぱり突っ張っているとしか見えない人間が目立つ世の中であるのは、まぎれもない。どの地域社会にも、人が自分ひとりの力で生きられないということを知らない人間が必ずいて、周りと摩擦や衝突を起こしているはずだ。

それと同じたぐいの人間は、組織のなかにもけっこういる。就業規則さえ守っていれば、あとはオレ流でいくのだと、自分が多くの人たちに取り巻かれているからこそやっていけるのだという意識のカケラもない輩《やから》だ。

世の中で自分ひとりだけの力で生きていける人などいるわけはない。そう言うと、

「自分は人に迷惑もかけないかわり、人のお世話にならなくとも生きていける」

こう反論するのがいる。だが、そんなことは絶対にあり得ない。

芸術家が作品を創り上げるのは、たしかに本人の腕である。しかし創作に精魂《せいこん》を打ち込めるかげには、支えている人が必ずいる。さらにはどんな名作が仕上がろうと、それを評価して買ってくれる人がいなければ、たんなる粗大ゴミで終わるかもしれない。

会社員が仕事のやり方そのものを「オレ流」でやるのはかまわない。仕事の最終目標さ

え間違えず、周りにも迷惑をかけないのであれば、やり方は各人各様、自分らしさを押し出して取り組むのはおおいによろしい。

忘れていけないことは、とくに組織人の仕事は、必ずどこかで誰かに「やってもらう」部分があることだ。上司のアドバイス、仲間との相談、他部署との調整というように、自分の力だけではやり遂《と》げられない事項がついて回るものなのだ。

そう考えれば、人は人との関わりなしでは生きていけないようになっている。「やってもらう」ことに感謝の気持ちを表すのはもっとも大事なことである。

上司は部下に、部下は同僚や上司に、そして業者さんやお客様、さらには家族にも感謝する。このうちの誰かがいなかったら、あるいは誰かがそっぽ向いたり、自分を貶《おとし》めようとしていたら、今の自分があるだろうか。そう考えたら自然に「ありがたい」と思う気持ちが湧き上がって当然ではないか。

「ありがとう」で生きれば人間関係はうまくいく

「日常つかう日本語でいちばん印象の良い言葉はなんだ」と問われて、どう答えるだろうか。以前、ＮＨＫが視聴者を対象にアンケート調査を実施したのを見た記憶がある。数字は定かに憶えてはいないが、断然トップにあがったのが「ありがとう」だった。

「ありがとう」の美しさは、なんといっても相手の心づかいに対する素直な感謝がこめられていること、そして相手を立てる気持ちがこもっていることにあると考える。とにかくこのひと言で、両方の気持ちがスッとなるのはたしかだ。

ここでの「美しい言葉」という言い方のなかには「気持ちがさわやかになる」「楽しい気分になれる」など、いろんな感情がこめられているのだと思う。なにも「ありがとう」を連発するだけが能ではない。大切なことは、感謝の気持ちがこもっているかどうかだ。

だいたい人間関係がうまくいっている人は、言葉のはしばしに相手に対する感謝の気持ち、相手のことを思いやる気持ちの両方がにじんでいるものだ。それが互いの交流の潤滑《じゅんかつ》油《ゆ》ともなり、ギクシャクすることなくわかり合えていくのだと思う。「ありがとう」のひと言があれば、互いの関係もきちんとしたものになっていく。

上司と部下、仲間同士、男と女の関係など、どんな人間関係についてもそれが言える。たとえばこんな感じだ。


【上司と部下の美しいやりとり】

▼「よく仕上がっているよ。ありがとう」
「お賞《ほ》めいただいて恐縮です。これも課長からの適切なアドバイスをいただいたおかげです」
▼「きみならできると思うのだが、新しい仕事を頼みたいんだ」
「私でよろしければなんでもやります。ご期待に沿えるよう頑張ります」

「ありがとう。なにか問題が起これば私も手伝わせてもらうから……」

「ありがとうございます。その節はよろしくお願いします」


【友達同士の美しいやりとり】

▼「時間をさいてくれて、ありがとう」
「こっちこそ、いつも悪いね」
▼「いつも元気そうで、こっちまで元気が湧《わ》いてくるよ。いいなァ！」
「それもこれも、友達に恵まれているおかげサ」
▼「いい仕事をしてるらしいな。さすが、たいしたものだ」
「なアに、自分ひとりの力だけではたいしたことはできないよ」
▼「きみと飲む酒はいつもうまい。気分は最高だよ」

「いやいや、今日はひとつ利口《りこう》になった気がするよ。都合のいいとき、またゆっくり教えてよ」

▼「いつもそうだけど、今日のきみは格別にきれいだ」

「あなただって輝いてみえるワ」

▼「今日は何を食べよう？　遠慮しないで決めてちょうだい」

「ありがとう。じゃ、決める前にお嫌いなものだけ聞かせてください」

▼「さいこうに美味しかった。大満足です」

「つき合ってくださって、ありがとう」

「よかったら、また近いうちに……」

「嬉しいワ」

【異性との美しいやりとり】

書いていくとキリがないし、誰でも簡単に言えそうな気がしてくる。しかし書いている本人が、いつでも誰とでも感謝の気持ちがこもった会話を交わしているかとなると、必ずしもそうではない。それは対人関係で、今でも好き嫌いがあるからだ。まだまだ己育《おのれそだ》てが足りないということなのだろう。

自分の非を認められる人 逃げてソッポを向く人

誠実な口ベタと ダンマリは大違い

もともとが口ベタとか口重の人は、なるたけ人と対話することを避けようとするフシがみられる。しかし、そのことだけで人間嫌いなんだと決めつけてしまうと、見そこなうことがある。口はヘタでも、意外に幅広い人間関係を持っている人が多いのだ。

ムッツリ右門《うもん》のわりには温厚で誠実、ひかえ目にみえても意志は強固、知ったかぶりはみせなくても本当は博学、どっちつかずかと思ったら白黒が明確、距離が詰めにくいと思っていたのにつき合ってみれば人なつっこい、というような人がたまにいる。

初めのうちは口数が少なくて陰気なヤツだ、なにを考えているのかよくわからないヤツだと思っていた。ところが、つき合っているうちに互いに気心が通じ合うようになり、今では親しい友人のひとりとして頼りがいがあるといった、そんな友だちがいないだろうか。言われてみれば自分にもそんな友人がいると思い当たる人がきっといるはずだ。私にも四〇年来の友で、そのテの人間が何人かいる。

人は、あって七クセ、なくて七クセと言われるくらいだ。クセのない人間なんていないのだから、ムッツリ右門も「無口がクセ」と考えれば腹は立たない。ただ、ムッツリとはいっても限度がある。どんなときでもダンマリを決めこむ人だけは相手にしにくい。とくに、自分に都合の悪いときだけダンマリになるのはタチがよくない。

こちらから意見を求めているのに、「別に……」とソッポを向いてしまうダンマリ屋がいるが、そういうタイプはかなりのヒネクレ屋であることが多い。よけいなことを言って相手の機嫌をそこねるよりも、黙っていたほうがトクだという考え方がしみついてしまっているのだろう。おそらく思ったことを言いすぎて誰かにギャフンとやりこめられ、それにこりて以来、ヘタなことは言わぬが勝ちとでも考えているフシさえある。

よく親が子にモノを尋《たず》ね、子供のほうが口ぐせのように「別に……」と煮えきらない返事をすることがある。すると、

「別に……じゃわからんだろう。もっとはっきり言え！」

たいていの親が睨《にら》みつけて怒りだす。子供の心理がわかっていないと、このような叱り方になってしまう。これこそ「この親にしてこの子あり」なのだ。

子供は、はっきり言ったら言ったですぐ「ノー」と言われそうな予感がし、それなら言わないほうがマシだと考えて「別に……」が口ぐせになることが多い。だから親は、やはり言いたいことがあれば言わせるように仕向けなくてはいけない。

本人は「別に……」と言いながら、じつは心のなかには不満がぎっしりたまっているにちがいないのだ。不満のはけ口を知らないし、大人になっても社会に溶け込めないまま孤立するのは目にみえている。

「スミマセン」を言えないカン違い人間

今どきは、言うべきことさえ言おうとしない人間が珍しくない。

たとえば他人の足をイヤというほど踏んづけておきながら、スミマセンのひと言も言わない。あるいは急に飛び出してきた子供がぶつかってきて転んだのに、そこにボンヤリ立っているほうが悪いと言わんばかりに無言で睨みつける母親がいたりする。子供の手を離した自分が悪いという気持ちは、これっぽちもないのだ。

気がつかなかったというなら許しもしようが、踏まれたほうが思わず「痛っ！」と声を上げているのだ。それにもかかわらず、逆に「文句あるか」といった目つきで睨みつけるのだから、人間としては最低のクチだ。

ウンでもなければスンでもないというだけならまだしも、混み合った電車のなかなどでポケットに手をつっこみ、冷たい目で睨みつける若者がすぐ脇に立っているだけでも薄気味が悪くなる。

まァしかし、こういう手合いまで無口とか口重というジャンルでひとくくりにするのは間違いなのかもしれない。彼らは謝まり方を知らないわけではなく、本当のところは、初めから謝まろうという気持ちのカケラもない連中だからだ。

そんな人間とは、それ以上は関わらないほうが利口だろう。

これをサラリーマンの世界におきかえてみると、そっくり当てはまりそうな人がたまにいる。仕事の上でのうっかりミス、つまりポカは、ふつうの人でも時たまあることだ。かなりデキる人間でも、ついやってしまうことがある。

仕事でミスをしたときに本人がどのような態度をとるか、それによってだいたいの人間像がわかってくる。部下を持つ立場になってからのちの私の人物鑑定眼は、そこへかなり視線を集中させたと、自分では考えている。

「スミマセン。私のミスでした」

これが素直に言える人間なら、たいてい次はいい仕事をする。ミスの原因を分析して自分で理解し、悔やしさをこらえながらも反省するから進歩する。

もっともダメなのは、スミマセンどころか言い訳ばかりくり返し、そのうちに他人のせいにしようとする。ひどいのになると、逆に仕事を指示した上司に突っかかったりする。

「だって課長は、すべてきみに任せると言ったじゃないですか」

「たしかに言ったよ。だけどこんな間違いだらけのモノをつくれと言った覚えはないよ。イヤならほかの人に頼んでもいいんだよ」

これじゃどっちもどっちだ。とてもではないが、これから先、ふたりのあいだに正常なコミュニケーションは成り立たなくなってしまう。だいいちに自分の非を認めようとしない部下は、さいごは口を貝のように閉じるしかないわけだ。

だいたい、自分の仕事はデキがいいと考えること自体が間違いだ。自分の実力を過信するタイプはミスそのものに気づかないばかりか、力の伸び方も鈍《にぶ》い傾向がみられる。

足どりの軽やかな人 グズでのろまな人

「コマメさ」と「気さくさ」のすすめ

何事にもマメマメしく動き、キビキビ動く人は、たいてい人からも好かれる人である。コマメな人は機転《きてん》のよくきく人に多いし、気ばたらきを怠《おこた》らない点も共通している。そういう見方からも、コマメな人とは次のような人のことをさすのだろう。

▼人がイヤがるようなことも率先して動く人。
▼自分のためというよりは、自分を含めてみんなのため、あるいは会社のためにと奉仕の精神が旺盛な人。
▼他人にムリなことを押しつけたり、よけいな口出しをしない人。
▼損トクは二の次として考える人。

▼歓びも幸せも、時には苦しみや悲しみも、みんなと分かち合いながら共有できる人。いわば組織人にうってつけの人。

つまるところ、「グズでのろま」「だらしなくて無責任」の正反対と考えてよいだろう。

コマメさというのを取り違えている人がけっこういる。出張先や旅行先で、女の子がよろこびそうな小間物類を買い漁《あさ》る男がいた。はたしてそういうやり方をコマメと言うのだろうか。私にはどうも下心《したごころ》が見えすいていて、コマメというよりは小賢《こざか》しいとしか思えない。餌《えさ》でおびき寄せるワナ仕掛けと、本当の意味のコマメさは全然ちがうと思う。

次に、持ち前の気さくな人柄が好かれ、気むずかしい人にも取り入るのがうまい人間がいる。とくに営業畑の人にそれが多い。

一台が二〇〇〇万円もするトラックの商談を、持ち前の明るさと気さくさで勝ち取ったY君という営業マンがいた。他社にも引き合いがかかり、三社で競《せ》り合う商談であった。ユーザーの社長は三社に値踏みをしたあと、もっと安くならんかと、それしか言わない。

まァそこまでならよくある話だ。困ったのはその社長は口数が少ないだけでなく、かなりなヘソ曲がりでとっつきが悪いことでも有名であった。ヘタなことを言えば怖い目で睨みつけられる。並の営業マンなら取りつくシマがないくらい骨が折れる相手だ。

何度目かにY君が訪問した際、妙に社長の身のこなしがおかしいのに気づいた。Y君も自分が経験者であるだけにピンときた。

「社長、どうされました？　ひょっとしてギックリ腰……やったんでしょ？」

だったら、それがどうした！——と言わんばかりにY君は睨まれた。ふつうならそこで場がシラケて気まずくなる。しかしY君は臆せずにペラペラとしゃべった。

「以前に私もやったことがあります。その痛さはやった本人しかわかりませんよネ。ふだんやりつけないことを無理したのとちがいますか。こればっかりは注射を打っても、どんな膏薬《こうやく》を貼っても気休めにはなりますが治りません。安静にされるのが一番です」

すると、どういう風の吹き回しか、社長が恥ずかしそうに相好《そうごう》を崩しはじめ、トツトツとしゃべりだした。その話から、新芽が伸びすぎて立て込んできた自宅の庭木を移動中、腰に力を入れすぎたのが原因だとわかった。

次の休日、Y君はスコップを持ち込んで社長の家に押しかけた。

「若いぶんだけ力は余っています。移動するだけならヘッチャラですから」

とどのつまり、トラック商談の成約はY君が掌中《しょうちゅう》にした。Y君がとった行動を見え見えの図々しさだと賞《ほ》めたがらない人間もいた。だが、私はY君を賞めたひとりである。なぜなら、彼が言った次のひと言に感じるものがあったからだ。

「あの社長のヘンコさとヘソ曲がりはハンパじゃありません。庭いじりを手伝ったくらいで注文をもらえるとは思っていませんでしたよ。どうせ一番安い見積もりを出した会社へ発注するだろうと思っていました。よく同病相憐《どうびょうあいあわ》れむ、なんて言うでしょ。あの痛さ、つらいことと言ったら、そりゃ経験者にしかわかりませんから……。それと、私の趣味のひとつが庭いじりなんです」

「ホウレンソウ」の欠乏症は大きな害になる

そもそも上司から「きみに任せる」と言われたからといって、自分の考えだけでどんどん進め、「ハイ、できました」では仕事の段取りや手順を知らなさすぎると言われても仕方があるまい。資料の作成にしても、構想が練り上がったなら叩き台となる粗案《そあん》をつくり、その段階で上司と相談して然《しか》るべきなのだ。問題は上下のコミュニケーションが欠落しているから起こってしまうのだ。

サラリーマンが仕事を円滑に進めようとする上で大切なことに「報告」「連絡」「相談」

の三つがあると、これは昔から耳にタコができるくらい聞かされたことだ。四〇年有余、会社勤めをしてきたひとりとして異論はない。それの頭文字をとって「報《ほう》・連《れん》・相《そう》」という言い方がされているが、私はこれをもじって部下にこう言ったことがある。

「漫画のポパイが筋肉モリモリで強かったのはホウレン草パワーがもたらしたものだ。ポパイはホウレン草を口のなかへ入れたけれど、ビジネスマンたる者は報連相を言葉として口から出してこそ強くなる。しかも報連相がうまくやり取りできる人間ほどしっかりした仕事ができる。なにも報連相の相手は上司だけとはかぎらない。職場の仲間、関係部署、ときには取引先とも綿密にコミュニケーションを交わす必要があることを忘れるな」

　これを言ったのは、部下のひとりが、私の意図することとはまったく異なる仕事をし、それに対する注意だった。「報連相の欠乏症」ともいえる部下をかかえている上司は、うかつに目を離さないことだ。

　もともとが口重や口ベタは、一朝一夕には変えられない本人の特性として大目にみてあげる必要があろう。かといって仕事上の対話となると避けてばかりはいられない。うまくない報連相も口からでる回数がふえれば、しぜんにうまく言えるツボがわかってくるものだ。話し方も場数を踏むことで必ず上達できると腹に決めてかかることが肝心だ。

さて、あなたはどちら?

✣イマイチの人はなんとなく挨拶するが、きちんと生きてる人は、さわやかな挨拶を心がけるので、相手もよい気分になる。もっときちんとした人は、ひと言添え、毎日を楽しくする。ダメな人は隠れるようにして挨拶もしないので、人生がつまらなくなる。

✣イマイチの人は謝罪の電話に口先だけで謝るが、きちんと生きてる人は、頭を下げながら謝るので、相手にもその誠意は伝わり、事態は好転する。

✣イマイチの人は感謝の電話に口先だけでお礼を言うが、きちんと生きてる人は、頭を下げながら心からお礼を言うので、相手にもその心が伝わり、ますます引き立ててくれる。

✣イマイチの人は下の立場の人にぞんざいな物言いをして嫌われるが、きちんと生きてる人は、誰に対しても威張らず、対等な話し方をするので慕われる。

✣イマイチの人は「オレ流」で結果をそこそこ残すが、きちんと生きてる人は、たとえ「オレ流」でも人への感謝を忘れず「周りがいてこその自分」と思っているので、ますます大きな仕事に恵まれ、大きな結果が残せる。

✣イマイチの人は「人は見かけが9割」と思い、口ベタな人を敬遠するが、きちんと生きて

る人は、その内面のよさに気づいてあげられるので、頼りになる友人が増える。

✣イマイチの人は言うべきことも言わずに無口になるが、**きちんと生きてる人**は、思慮深いので、言わなくてもいいことは言わない。ただし、話すべきことはきちんと話す。

✣イマイチの人は自分の非を認めるのを怖がり、言い訳が得意だが、**きちんと生きてる人**は、素直に「すみませんでした」のひと言が言える。そして悔しさをバネに這い上がれる。

✣イマイチの人は下心をもってマメマメしく行動して他人を不快にするが、**きちんと生きてる人**は、人のためを思って気くばりをするので、人に喜ばれ、大切にされる。

✣イマイチの人はマズイ話を上司に隠して陰で処理するので傷口を広げるが、**きちんと生きてる人**は、きちんと相談して、誠実に対応するので、被害が最小になる。

✣イマイチの人は人の顔色を見て「報告・連絡・相談」をどうしようか迷い気が重くなるが、**きちんと生きてる人**は、つねにそれをするので、判断を誤らず、心穏やかでいられる。

✣イマイチの人は目先のことのみを考えて動くからジタバタするが、**きちんと生きてる人**は、全体を見通し、用意を怠らないからいつも余裕がある。

✣イマイチの人は忙しさに心を亡《な》くすので他人を認める余裕がないが、**きちんと生きてる人**は、他人の大変さも折りこみ済みなので、苦しい人にさりげなく手を差しのべられる。

人を思いやれる人は人に愛される

●温かい人は、やっぱり強い！

人に心を開ける人 うつむいてしまう人

人生は、イコール人間関係である

人の一生は人間関係にはじまり、人間関係につきると言ったらオーバーだろうか。しかし現実には、人は人との関わりがなければ仕事が成り立たなくなる。

「充実した人生が送れるかどうかは、人間関係で決まる」という考え方は正しい。夫婦がいがみ合えば、家のなかは暗くなる。会社では浮き上がり、地域では誰からも声がかからない。このような人の一生が、はたして本当に幸せだったと言えるだろうか。

それこそ「大きなお世話だ、本人がそれで満足ならいいではないか」と思う人もいるかもしれない。だが、その人は生きることの真の面白さを楽しまないままで一生を終わる気の毒な人だと、私は思う。

自分の殻《から》に閉じこもらないで、ちょっとだけでもポジティブに変わることができれば、周りの視界がひらけて明るく生きられるはずだ。

人が誰とも口をきかずに何日くらい我慢できるか。ふつうなら、三日も続けば限界がくる。三日目には無性に人が恋しくなり、誰でもいいから話したくて居たたまれなくなるのではなかろうか。

現役さいごの一〇年間を、私は関西と北陸で単身赴任してきた実体験がある。週末にはなるべく家族の許《もと》へ帰るよう心がけてはいたが、ある年の三連休を赴任地にとどまったことがあった。さすがに家から一歩も出ない日が三日も続くと、冷蔵庫のなかも空になる。あとのひと晩だけなら食べずにふてくされ、そのまま布団にもぐり込んでも新しい朝はちゃんとやってくるものだ。飢《う》えを覚えてきたのは食う物にではない、誰でもいいから話が交わせる相手のところへ駆けつけたくなったのだ。つまり私は「人に飢えた」のである。なにしろ三日間、一方的に聞かされてきたのはテレビの音だけだった。

我慢しきれず私が訪ねて行った先は、中年夫婦でやっている閉店間際の喫茶店だった。渋いコーヒーの味が全身にしみわたる気分もさることながら、何よりも気晴らしになったのは、人のナマの声が聞けたことであった。

単身赴任生活ほど寂しくてわびしいものはないと言う人がいるが、私はそうは思わない。不便なことはどうしようもないが、あとは考え方とやり方しだいで人生の貴重なプラス経験になると思う。

単身赴任者が寂しさのあまり深夜まで物思いにふけり、ついおかしなことを考えたりすることがあると、人の話に聞いた。「今ここにいる自分はいったい誰？」などと、ヘンな自問自答をくり返している自分にハッとなったと言った者もいる。

本人が気づいてびっくりしているうちはまだよいが、体調がおかしくなってからでは手おくれになる。単身赴任こそ新発見のチャンスであり、自立のための試練の実習期間だととらえるくらいの気持ちにゆとりを持たないと、私のまわりにも、軽から重まで「うつ」と診断された者が何人かいる。見ていると、人間関係づくりがヘタな人ほど危なっかしい感じがしてならない。

心の扉を全開にすれば明るくなれる

人間だのに、周りから「人間嫌いだ」というレッテルを貼られている人がたまにいる。

本当に人間を嫌う人がいるのだろうか。私は本来、心底から人間嫌いな人はめったにいるものではないと考えている。

たしかに、人間が信じられなくなるくらいこっぴどい目にあい、それで人間不信に陥ってしまったという話もないではない。しかし、そんな人でも心のどこかには、信じられる人を求める気持ちのカケラくらいは残っているにちがいない。よほどでなければ、人はひとりでも多くの人と人間関係を築きたいという願望を、本能的に持っていると思う。

ましてやシャイな人、人づき合いがヘタな人まで人間嫌いだとひとくくりにしてレッテルを貼るのは間違いだろう。だいたい世の中の半分くらいの人が、この部類に当てはまるとみてよかろう。

何事も積極的に関わろうとしない、参加したくない、ムダなことをするのはバカらしい、という考えの人まで含めたら半分以上がそうかもしれない。イヤイヤを顔に出している人まで数えたら、間違いなく半分以上がそうだと言ってよかろう。

そういう見方からすれば、ほんのわずかでもいいから自分の考え方を変えるだけで人を見る目が変わり、世間も広くなって自分の人生にハリがでてくる。まず明るく楽しい気分で生きられる手っ取り早い方法がないものか、それを考えてみてはどうだろう。

自分の考えをちょっと変えるだけで、大人から子供まで誰でもできることに挨拶の仕方がある。人とスレちがうとき、自分のほうから先に挨拶する必要なんかまったくないと思っている人はいないか。そのテの人が会社はもちろん、町内でもそこらじゅうにいる。

「自分より目下のヤツに、なんでこっちが先に頭を下げなくてはいけないのか……」

「よく見かける顔だし、家も知っている。だけど、なんらつき合いもないのに……」

「なんだい、ちょっと羽振りがいいからといって、エラそうに……」

など理由はそれぞれに異なっても、まさか、先に声をかけたり頭を下げるのはバカらしくて損だなどと考えているわけではあるまい。自分から先に挨拶してトクなことはあっても、損することなど何ひとつないのは誰でもわかりきったことだろう。それなのにソッポを向いてしまうのはなぜだろうか。

自分のプライドが許さない。相手の感じが悪くてムシが好かん。自分とは別な世界の人間だ。なんとなく低俗だ。趣味が悪い。見るからに横柄《おうへい》で高慢そうだ——など、たいていが自分のほうから先に心のシャッターを閉じ、かたくなに開こうとしないからだろう。そういう人たちの心の曇《くも》りが読み取れないほど、周りの人の目はけっして節穴《ふしあな》ではないことを知るべきであろう。

人の話をよく聞くから相手は心を許す

初対面であるのにもかかわらず、すぐに馴れ馴れしい口をきく人がいる。ものおじしたり、尻込みをしたり、遠慮しすぎているのが相手にわかってしまうような所作《しょさ》を見せるのもよくないが、最初からあまりにも気安すぎるのはもっとよくない。

たとえ所用でこちらが訪ねて行ったにせよ、ベラベラと一方的にしゃべりまくるのは相手に失礼でもある。初対面なら時候の挨拶と用件、あとはその場の雰囲気で礼を失しないよう気をくばり、むしろ上手な聞き手に回ることを心がけたほうが無難ではないか。

たとえば、なにかの頼みごとがあるとか、モノを売り込むために訪ねて行ったにせよ、ただ「お願いです。頼みます。買ってください」と、こちらの都合ばかり言うのは、相手の都合を無視した失礼な言い方だと思う。だいいち、愛想をつかされて逆効果になることさえある。

一般的に営業マンは口達者な人のほうが向いているという見方がされるが、二〇年間自動車販売の第一線に立っていた経験から、必ずしもそうは思わない。朴訥《ぼくとつ》でも、少しくらいは愚直《ぐちょく》でもよい。さいごは人間性が問われてくる。

多くの営業マンを見てきたかぎりでは、誠実に相手の話に耳を傾けるタイプのほうが気に入ってもらえるように思われる。いちばん嫌われるのが、口は滑《なめ》らかでも、ああ言えばこう言い返すタイプである。気持ちが噛み合わないのだから好かれるわけがない。

だいたい聞き上手な人に対しては、相手のほうが先に気を許してくれるものだ。聞き方のうまさに引き込まれ、つい用件以外のことまでしゃべりはじめたりする。

「このあいだ釣りに行って、こんな大きなグレを……」などと言いだしたりするかもしれない。そんなとき、本当の聞き上手なら「どこの海ですか」とすぐ尋ねたりはしない。

「そりゃすごい！　魚拓ものですねぇ」くらいは言って、まず相手を歓ばせるスベを心得ている。太公望《たいこうぼう》の釣り上げた魚が本当は三〇センチでも、みんなに話すときは勝手に四〇センチになっていることくらい、聞き上手なら知っている。

「すごいですネ」「やりましたネ」「そんなの見たこともありません」――これくらいのことは言ってもよい。驚いたり、感動したり、ときには賛同したり、心の底から相手に合わせていけば、必ずいい印象が残る。心に寄り添われて悪い気のする人などいない。相手の心に寄り添うのは、きちんとした人間関係の第一歩である。

人を大切にする人 人から嫌われる人

八割は叱って二割は賞めて伸ばす

わが家はこぞってマラソンと駅伝の大ファンである。最後までへたばらないで走り抜く姿には感動させられる。なかでも正月二日と三日に行なわれる関東大学箱根駅伝は、テレビの前で釘《くぎ》づけになるくらいだ。

かつて、四連覇という快挙をなし遂げた駒沢大学の大八木弘明《おおやぎひろあき》監督の指導法にたいへん興味がある。同監督は各選手に対し、八割は叱って二割だけ賞めるという強化育成法を実践していたという。

もしもこの八対二という割合を、一般の家庭における子供のしつけ教育で実践したとしたらどうなるだろうか。ふつうの子供であれば、どうしてウチの親はこうもガミガミうるさいのかと、そばに寄りつかなくなるか、なかには親に盾突《たて》く子もでてこよう。

　またそれが会社であれば、叱ってばかりいる上司は部下から毛嫌いされ、ヘタをすれば組織がバラバラになって人心がまとまらなくなるかもしれない。

　しかし大八木監督の場合、八対二という指導方針でガンガン叱りとばしているのに、なぜか選手たちの信頼は厚い。スポーツの世界はそれが当たり前という人も多いだろうが、スポーツ選手だってやかましい監督と反《そ》りが合わなくて去っていく者がけっこういる。

　大八木式指導法で、じつは私が注目したいのは「八対二」という数字の割合ではない。八対二の監督なら高校野球、サッカー、ラグビーと見ていけば、強豪チームのたいていが八対二かそれ以上に怒鳴りつけているのではないか。

　つまり大八木監督の八対二はスポーツ界では珍しくもなんともないが、ここで注目したいのは、たった二割しか賞めないのに、その効果が二対八になって実現していることなのだ。ただ叱るだけでは駄目であり、叱るのにもテクニックが必要と先にも述べたけれど、どうやら同監督の場合は、賞め方のテクニックとツボをおさえているのではないか。

　たとえ短い賞め言葉でも、尊敬している監督のひと言で選手たちが心を燃え上がらせるか、ときには胸をキューンとつまらせるような心の琴線に触れるなにかがあるのだ。

だいたい賞め上手な人は、賞める場所とタイミングを絶妙にとらえている。駒沢大が四連覇を達成した瞬間、大八木監督が、ゴールのテープを切った柴田尚輝《しばたなおき》選手を抱きかかえるようにして、ひと言かふた言、短く口を動かした。翌四日の読売新聞記事によれば、「ありがとう！」と言っただけだと書いてあった。

よく頑張った！――そう言わず、最終ランナーにむかって、チームのメンバーや大学を代表するかのように感謝の意を表したのである。監督のひと言で万感が胸にこみ上げたのか、柴田選手が群衆のなかでワッと泣きだした。

じつは柴田選手は、最終学年の四回生で初めての出場チャンスが与えられたのである。そのことが嬉しかったのかもしれないが、選手と監督が抱き合う姿は後輩たちの母校愛をかり立て、補欠にしか名前の上がらない他の多くの部員たちを奮い立たせたのにちがいない。ゴール地点という最高の舞台で、試合にでられなかった大勢の部員が「来年こそは自分も」と燃え上がるシーンまで見せるテクニックは心憎いまでにうまい。

レスリングのアニマル浜口さんにしても「気合だ、気合だッ」と鬼気迫るような顔でわめいている。しかし、浜口さんのふだんの語り口とか人柄から見えるのは、シゴキやはげしいゲキの裏側では、選手の心を揺さぶるような「はげまし」の言葉をかけているにちがいないのだ。その「はげみ」を引き出すスパイスこそが、指導者の賞め上手にかかっているのだと思われる。はげまし上手な指導者は、選手や部下が自信を失わないよう、それをうまく達成感につなげていくツボをきちんとおさえている。

これだけは好きになれないタイプのワースト3

これまでに多くの人からお世話になったり教えられたことを書こうと思えば、それは一生かかっても書ききれるものではない。

それと同じように、どうしても好きになれなかった人たちの話題もキリがない。そこでスペースの関係からも、これだけは絶対に嫌い！　というワースト3を、立場や性別など条件別に分けながら、私なりに書き出してみた。

読者のなかに異なる意見の人がいても当然だが、私は次のワースト3のうち、少なくともどれかひとつでもひっかかる人を好きにはなれなかった。

そうは言っても、仕事が絡めば、現役であるうちは好き嫌いを言ってられない。部下は上司を選べないし、ビジネスでは個人の感情で取引先や顧客を選べない。はっきり言って、嫌いな人と上手に距離をとりながらつき合っていくしか仕方ない。

ここでは嫌いだと思う数十項目のなかからとくに嫌いなタイプをあげてみる。

▼仲間うちで好きになれなかったタイプ

(1)ぞんざいで生意気、人を小馬鹿にしたような態度の人

(2)ウソつき。ルーズで約束を守らない人

(3)すぐに話の腰を折り、人の言うことを聞こうとしないで自分の我を張る人

▼部下の目で見て嫌いな上司

(1)極端なえこひいきをし、すぐに自分の閥《ばつ》へ取り込もうとする人

(2)自分には甘いが部下にはきびしく、顔はいつも上役にばかり向いている人

(3)無責任な人。たとえばクレームやトラブルは部下まかせ、成果だけは自分のもの。

▼上司として邪魔になる部下

(1)理屈は二人前以上、能力は並以下の人

(2)仕事の取り組みにムラがあり、目立つ仕事ばかりやりたがる人

(3)意欲があるのかないのか、無口で暗く、言われたことしか返事しない人

▼ビジネスで、なるたけならつき合いたくないと思うお客

(1) 売り手の競争をあおって両天びんにかけ、かけひきのかぎりをつくして買い叩く人
(2) なにかにつけ人を試してやろうという魂胆《こんたん》が見え隠れする人
(3) 買ってやってもよいが、見返りはあるのかを、あけすけに言う私利私欲型の人

▼もし自分がもういちど青年時代に戻れたなら、私は女性のこういうところがイヤ
(1) すぐにスネたりフクレたり、ご機嫌とりをさせられる人
(2) 相手を立てる気ばたらきどころか、ジコチュウでわがまま放題な人
(3) 雑で大ざっぱ、礼儀作法が子供並みの人

▼あまり考えたことはないが、もしも自分が女性だったら、男のこれは大嫌い
(1) だらしなくて、なんとなく不潔な感じが漂っている人
(2) 男らしさもなければ優しさも感じられない人
(3) 俗っぽさだけが目立ち、教養のカケラもない人

いずれも「きちんとした人」とは対極にある人のように思える。

以上のことを書き出してみて、自分自身に当てはまるものはなかったのか、もういちど今からでも考えてみる必要がありそうだ。ただ、最後の男女関係についてだけは、夢と理想を追いかけるような気持ちで好き勝手なことを書いたと断っておきたい。

自らの分をわきまえる人 自分が見えない人

分相応をわきまえるから人は信頼する

二〇年ほど前に東南アジアへ旅行した際、同行した何人かがロレックスの偽物を一万円くらいで買って喜んでいた。もちろん偽物と承知の上だが、それにしても玩具にしてはもったいない浪費だと思う。大半が帰国後一か月もたたないうちに壊れたそうだが、なかには得意げにワイシャツの袖口《そで》をまくって見せびらかしている者もいたようだ。

しかし、このテの話は見る人が見れば吹き出してしまう。もし仮に彼らが本モノのロレックスをはめていたとしても、やはりおかしくて笑われてしまうだろう。なぜかと言えば、ふつうの人には不釣り合いだし、その柄《がら》ではないと思われるからだ。

装飾性の高い一〇〇〇万円の時計をはめ、それが板につく人はそうザラにはいない。

自動車メーカーへ入社して六年目のG君というのがいた。会社では直販部門でバス販売の担当者であった。大手私鉄の系列バス会社が彼の顧客であった。

バス会社はだいじな人命をあずかる公共性の高い業種である。それだけに社内のムードからも規律がきびしく、何事にも几帳面《きちょうめん》な会社らしい張りつめた空気がうかがえる。自動車メーカーに対する技術上の注文も、細部にわたってきびしいものがある。

まだ若い二〇代後半のG君には、かなり荷の重い取引先であったろう。大口である上にいわゆる「おカタイ会社」であり、しかもG君の相手をするのはほとんど課長以上の管理職であり、ときには重役にも説明を求められることがあった。

会社の雰囲気、面談する相手を考えれば、G君にしても緊張の連続であったと思う。それだけに、彼なりにキチッとした身なりを心がけていたようだ。少なくとも書生っぽさはなかった。

そんなG君がそのバス会社を担当して三年目が過ぎたころ、彼はなにを考えてか、まるで豹変したかのようにブランド物の装飾品を身につけはじめた。なかでもいちばん目立ったのがネクタイであった。ひと目でそれとわかる有名品ばかりで、一本が一万数千円もする高価なものを取っ替え引っ替え颯爽《さっそう》としめて出社するようになったのだから、誰の目にもよく目立った。

真っ先に騒ぎだしたのはG君の職場の女子社員たちだ。もしや恋人でもできたのではないかと、女子の話題はもっぱらそちらに集中した。しかし、そのような浮いた話を渋い顔で見ている上司がいた。バス販売を統括する部長であった。

キチッとした堅《かた》い取引先の、しかも幹部の人たちが、せいぜい三〇〇〇円か五〇〇〇円程度のネクタイをしめ、納入業者の担当者である若いG君と向かい合えばどう感じるだろうか。まさか「きみなんかまだその柄じゃない」などと口に出しては言うまい。

ひょっとしたら、「すごいな。よく似合ってるよ」と言ってくれるかもしれない。だが、その賞め言葉には皮肉がこめられていると考えるのが妥当ではないか。なにもお客様より安物にしなさいとは言わないが、とても分相応とは言えない超一流ブランド品をビジネスマンが愛用するなら、やはり「場」というものを考えるべきではないか――。上司の部長はそのことで渋い顔になったのである。

G君が設計やデザイン部門、あるいは宣伝部などであれば少しくらい変わった格好をしていてもかまわない。だが営業の第一線となると話がちがってくる。とくに営業マンはお客様を超えるような身なりをつつしむべきである、というのが部長の持論であった。

「イヤなことは人まかせ」にせず自分でやる

きちんとした人に面と向かい合うときは、自分の目線をどこに置き、相手の目線が自分のどこに注がれているかという点に注目するのは重要なことである。折り目の正しい相手の人は、主としてこちらの目を見ているか、さもなければネクタイの中ほどに視線を当てていることが多い。その点からもビジネスマンにとっては、たかがネクタイとは言えない、されどネクタイでもあるのだ。

先のG君はよくデキる男だし、その仕事ぶりも文句をつけようがない。そこで困ったのは部長である。管理者の立場とはいえ、もっと質素なネクタイに変えなさいなどと、あからさまに忠告するにはためらいがある。かといって、遠回しに、イヤ味たっぷりに言うのは部長の性に合わない。

そこで部長は考えた末、G君の直接の上司であるT課長に次のような話を持ちかけた。

専門の講師を招いて「営業マンの心得」について部内研修会を実施しようというのだ。バス販売の全部員を会社の研修所に集めるよう指示をした。

「ぼつぼつ営業マンたちの気持ちにタガのゆるみが見えはじめている。気分をひきしめる意味からも、ちょうど研修会を実施してもよい時期だと思う。私の独断で決めたのはよくないことだと思ってはいるが……」部長はそう言いながら、ひとりの講師の名前まで指名した。彼が特定の講師にこだわったのには、わけが隠されていたのだ。

以前、部長自身が受講した研修会で、その講師の話に感銘《かんめい》をうけたことがあった。

▼身なりは華美にならず、センスや流行に鈍感《どんかん》であっても困るが、お客様のそれを超えない範囲で個性的、かつ良い印象が与えられるよう心がけること。

という講義の内容が強く部長の印象に残っていた。そのときと同じ話を、部下の全員にもう一度聞かせたいと考えたのである。

ここで私が述べたいことは研修会そのものではない。部長がG君だけでなく、T課長の体面にまで気をつかっていることだ。部長が課長にこう言っている。

「G君の身だしなみで、たとえばネクタイがヨレヨレで汚れているとか、髪がボサボサだというのであれば、私も叱りやすい。しかしネクタイが高級すぎるという身なりの話になると、私としても言い出しにくい。私が言い出しにくい話は課長のきみにだって言いたくないのは同じだろう。ここは研修会でプロの講師に私たちの考えを代弁してもらえば、G

君ひとりでなく、部員全員がいい勉強になって一挙両得ではないかと考えるんだ」

「じつは監督の立場として、個人の身なりについてどこまで嘴《くちばし》をさし挟《はさ》むことができるのかと、私のほうから部長にご相談しようか、ずっと考えていたところなんです。絶妙の企画をいただいてありがとうございます」

オベッカで持ち上げたのではなく、T課長は本心を語ったのである。多くの部下からも信頼が厚いバス部長の人柄に、T課長はまたひとつ教えられたことと思う。

センスのある人には几帳面な人が多い

本来はじかに言うべき注意や忠告を、部下に気がねする上司がけっこう目立つ。そういう情けない管理職は、家庭でも子供に甘い親であるとみてよい。見て見ぬふりするか、それともハレモノにさわるように接し、結果は子供を増長させているケースが多い。

会社で役職や肩書きが与えられたなら、その見返りとして部下をきちんと指導する役目も含まれており、給料のなかにもちゃんと入っている。それができない管理職なら肩書きなんか返上したほうがよい。だいたい部下の指導に自信がないのはヘタに口出しして、

「それでは聞くが、そんなにエラそうなことを言うあんたはどうなの？」

と相手に斬り返され、返り血を浴びせられるのではないかという不安が、心のどこかにこびりついているにちがいないのだ。

とくに上下の関係で秩序が保たれている会社などでは、部下の能力を引き出すためには賞《ほ》めることがあったり、逆に忠告したり、叱ることがあるのも当然である。ただし叱り方にはテクニックが必要だし、なによりも叱られる側が納得せねばならない。それには叱る本人が立派な人格者でなければ、どうせ馬の耳に念仏でしかなくなる。

仕事上のミスをしたときとか日常の勤務態度が悪いというのなら忠告もできるし、あるいは就業規則をタテにとって、ガツンと叱ることもできよう。

しかしG君のようなケースはそうはいくまい。仕事ぶりは文句のつけようがないし、人物的になんら問題はない。本人の身なりが華美に過ぎるという理由だけで、あからさまに注意するのは正直言ってむずかしかろう。だいいち、いっぱしの大人が、そんなことまでいちいちやかましく言われてはやりきれないと、感情的にこじれてしまう。

「子供ではあるまいし、会社は社員の箸の上げ下げにまで文句をつけるのか」

もしもG君がそのように受け取ったとしたら、彼はもうその日からバス部で働く気が起こらなくなるかもしれない。研修会が終わったあと、いみじくもバス部長がT課長にこうもらしている。

「ファッションの好みも年齢とともに変わるからなァ。お前にはちょうどこれが似合っている、などとハタの者から言われる筋合いのものではないよなァ。しかしはっきり言えることは、自分の立場、相手との関係、時間や場所などを考え、周囲との釣り合いがとれていて、それで高感度の高い洗練された身なりをしていれば、そういうのをハイセンスの持ち主というんじゃないのかねえ」

それから数日後、バス部長はT課長からの報告を聞かされてびっくりした。そうだったのか……！と、自分に言い聞かせるように何度もうなずいた。

G君がもっともお世話になっているバス会社の窓口の担当者と世間話を交わしたとき、その人の奥さんが某デパートのブランドもののネクタイの売り場で責任者になっているのを知ったのであった。

「バブルのころは高級品が飛ぶように売れたそうだけど、こうも長い不況が続くと、ブランド品なんかごく一部の人しか関心を示さなくなったらしい。自分の職場の売り上げが伸びないと言って、近ごろボヤいてばかりですよ。もう辞めてはどうかと言うんだけど、子供が生まれるまでは頑張るって言い張るんですよ」

　この話を聞いたあと、G君は担当者の奥さんが働くデパートにちょくちょく足を運び、彼女にすすめられるものを買っているのだとわかった。

「きのうG君に同行してお客さんの所へ行き、はじめて知りましたよ。G君と先方の担当者のふたりのネクタイだけが際立っていましたよ」

　T課長はそう言って頭をかいた。

「そうか、G君って男はなかなかセンスがあるじゃないか。営業のセンスが……」

　部長もさすがに脱帽といった表情であった。

「センスがいい」という言い方は、身なりとか身だしなみとかにかぎらない。「ユーモアがわかるセンス」とか「営業マンとしてのセンスがある」というふうな言い方もされる。その意味からもG君の営業マンとしてのセンスは、ハイクラスの磨きがかかったものと評価されてもよいだろう。

　相手がなにを考え、なにを欲しているかをイメージできる力、相手が喜ぶことをしたいと思う心、そしてそれを行動や言葉というかたちに表せる力こそが〝センス〟であると思う。

場の雰囲気が読める人
バカ正直が罪の人

正直すぎるのにも限度がある

日本の少子高齢社会への加速もはげしいが、いっぽうでは若い人たちの結婚年齢が年を追うごとに高くなっている現実がある。

それには多くの理由が考えられる。そのなかのひとつに適齢期の男性が、女の子とのコミュニケーションの取り方をまるで知らなさすぎるからだという声が聞こえる。あまりに幼稚すぎて女性のほうがすぐに見切り、まとまるものもまとまらないのだ。私の身辺にもそっくり当てはまるような青年がいた。

U君は二年前から見合いクラブに入会しているのだが、何回紹介されてもフラレてばかりでしょげていた。そんなU君の母親から、きつい言い方でもかまわないからガツンとブチかましてくれないかと泣きつかれたことがある。

U君はもともと口ベタなほうである。技術バカという言い方があるが、それは彼のためにつくられた言葉ではないか、と思いたくなるようなところがある。人間的には真面目で素直だし、性格もそこそこに明るくて陰気だとは思わない。学歴、勤務先と職業、外見だって常識的には合格点がついてもおかしくない。ふつうの女性から見れば至って無難な相手ではないかと、ひいき目でなく私はそう考えていた。

ところが彼には大きな欠陥があった。ソーシャビリティー（社交性）の基本ともいえる、相手の気持ちを汲《く》みとりながら対話を楽しむ能力に欠けていたのだ。ある意味では、技術バカは根っからのバカ正直であったとも言えよう。私とU君が交わしたやりとりからもその一端がのぞいている。

「相手の女性と向かい合ったとき、だいたいどんな話をしているの？」

「ぼくのほうからは、ほとんどが仕事の話題です」

「そりゃいかん、間違っているよ。きみとしては設計とか製造現場の話をするのがいちばん気楽かもしれないが、若い娘さんがそんなことに興味があるわけないだろう。きみの仕事内容や製品説明なんてサラッとしゃべるだけでいいんだよ」

頼まれたからには、ひと肌脱ぐかという気になって、私はガツンとかました。すると彼はニガ笑いを浮かべながらしきりに頭をかいたものだ。本当に好青年なのだ。

「ふつう女の子というのは趣味の話、旅行とか映画、あるいはテレビの番組や食べ物のことなんかを話したがるんじゃないのかい」

「ハア……、そう言えば、このあいだの子なんか映画の話がほとんどでした。ぼくにどんなドラマが好きかって聞かれ、参りました」

「なんと答えた」

「小さい時から時代劇が好きだって……」

「それじゃフラレても仕方がない。女の子の接し方をイチから勉強しなければ、きみの見合い成功率は限りなくゼロに近いとしか思えない。これをうまくやろうとする男なら、見合いの前に流行のドラマのひとつくらいは見ておいたほうがよいと、それくらい気をはたらかせると思うよ」

そうは言ったものの、U君は甘い恋のドラマなんて見たことがないのかもしれない。だったら恋愛ものの名作映画のタイトルだけでも口にするとか、時代もののならせめて山本周五郎とか藤沢周平の市井《しせい》人情ものに心が打たれるとか、相手をシラケさせない気ばたらきが必要だろう。ただ、ウソの上塗りだけはしないようにしよう。

機転を利かせる、という言い方がある。目から鼻へ抜けるほど才知がはたらきすぎても嫌がられるが、話の腰を折ってしまうような答え方をするのはあまりにも愚鈍《ぐどん》すぎる。これが〝愚直な人〟と思われるのであれば見込みはある。やり方はうまくないかもしれないが、信念が感じられるからだ。相手の女性によっては、面白い人だと好印象を受け取ってもらえる可能性も高い。

U君に足りないのは表現力とか話題だけではない。相手の心を探る洞察力が鈍《にぶ》いのだ。

▼この人はどんな話をしたがっているか。

▼この人はどんな話をしてあげれば喜んでくれるだろうか。

これくらいの気ばたらきがないと、コミュニケーションが軌道にのる以前に脱線のくり返しに終わってしまうだろう。

深く考える力は「読み書き」がつくる

正規の教員資格は持っていても教育畑とは無縁の私が、本書で、近ごろの子供たちの国語力低下が気になって多くのスペースをさいたのには理由がある。読んで、書いて、考えるというコミュニケーションの基礎とも言える技量の点では、二〇代、三〇代の人たちのなかにもかなり劣悪な人がいると思えてならないのだ。

コミュニケーション力の基礎は、なるたけ子供のうちから培《つちか》っておかないと、ひとつの型に固まった大人になってからではむずかしいものがある。人とのつき合いでも、どうしても性格が丸出しになる。性格が変わらないのは仕方ないにしても、考える力さえ備わっていれば、たいていの人とうまくやっていけるものだと私は考える。

雪深い北陸の販社に、東京の親会社から教育出向で赴任してきた若い営業マンがいた。雪道をおそるおそる走りながら自動車を売り歩いていた彼は、危うく農道を踏み外しそうになったことがあった。そのとき彼は、お客さんのところへ着くなりこう言った。

「雪はイヤですねえ。私にとっては地獄道ですよ。冬でもやっぱ、お日さんがサンサンと照る土地のほうがずっといいですねえ」

驚くまいことか、彼は言ったあとも自分の失言に気づいていないのである。要するに、それを言ったら地元のお客がどう思うか、それをすら考える力がついていないのだ。こんな調子でクルマが売れるとは、私にはとても考えられない。

地方へいけば人々の気持ちはやさしくて温かいものがある。だから「そんなに雪がイヤならとっとと帰れ」などと声に出して怒ったりはしない。黙ってニガ笑いはするが、腹の底では「ヨソのお前からは買うものか」と思っているにちがいあるまい。

人は住めばそこが都というのはごく一般常識だ。わが郷土をボロンチョにけなされて、気にさわらない人間などいるわけがなかろう。

名俳優であった宇野重吉《うのじゅうきち》さんは、雪深い越前の人である。宇野さんの故郷《ふるさと》自慢のひとつに、越前おろしそばがあったと聞く。さらに宇野さんは、周りの人にこんなことも言ったというエピソードが残っている。

「日本海の魚が太平洋側の魚よりうまいワケを知っているか。富山湾でも能登でも、いや山陰もそうだ。それらがみんなうまいのは、ぜんぶ越前の海から泳いで渡ったからなんだよ。つまり日本海でも越前にまさるものはねえのサ。その代表が越前ガニなのサ」

そう言えば、私が知っている何百人かの福井県人のほとんどが、宇野さんと同じように越前の国に愛着と誇りを抱いている。

前述の若い営業マンには、土地の人とのコミュニケーションを取る上で、もっとも大事な基本すら考える力が身についていなかったのだとしか言いようがない。

同じように二年間の教育出向者を、私の販社でも何名か受け入れた。そのなかのひとりが品川ナンバーのマイカーで営業活動しているのを知り、すぐに地元のナンバープレートにつけ替えさせたことがある。土地の方言をつかえとまでは言えないが、しかし、なにも自分は東京人だと言わんばかりのクルマを乗り回していては、地元のお客さんと打ちとけたつき合いができないだろうと私はそう思ったのだ。人と人との距離は、そういうところから詰めていくべきだ、というのが私の考えである。

なぜ子供や若年層に考える力の欠落した者がふえているのかをたぐっていくと、読み書きの習慣が希薄になり、それが考える力とコミュニケーション力の発育を妨げているという見方を不適切だとは思わない。

いま子供たちの学力国際比較でも、日本は明らかに低下傾向にある。文部科学省や有識者がとくに取り上げているひとつに「読み書き」の重要性があげられている。もっと物事を深く考える人間をつくろうというのだが、それは教育現場だけでできるものではない。仏頂面《ぶっちょうづら》していないで、まず自分が、家庭が、そして社会全体が考えていく必要がある。日本人がいちばん美しい言葉としてあげている「ありがとう」の気持ちをみんなではぐくんでいけば、もっと楽しいコミュニケーションが取れるようになる。

さて、あなたはどちら？

✤イマイチの人はわずらわしい人間関係を避けてどんどん心を閉ざすが、**きちんと生きてる人**は、自分の殻に閉じこもらずに、積極的に人に関わり続けることで心を開いていく。

✤イマイチの人は気のりしない集まりは敬遠するが、**きちんと生きてる人**は、できるだけ参加し、自分の楽しみを広げていく。が、ムリして他人に合わせ、疲れる愚は犯さない。

✤イマイチの人は初対面の人とすぐに打ち解けるが、**きちんと生きてる人**は、社交的にはするものの、すぐには気を許さない。自分のことをベラベラ話す愚も犯さない。

✤イマイチの人はああ言えばこう言い返し「打てば響く人間」を気取るが、**きちんと生きてる人**は、相手の話に誠実に耳を傾け「打てば沁《し》みる人間」だから、相手も気持ちよい。

✤イマイチの人は「多くのアメと、少しのムチ」で人を育てようとするが、**きちんと生きてる人**は「多くのムチと、タイムリーな励まし」で人を育てるから、自立人間が育つ。

✤イマイチの人はときにウソをつくが、**きちんと生きてる人**は、約束を守る。

✤イマイチの人は不機嫌な返事で不満を表すが、**きちんと生きてる人**は、常に気持ちよい返事をする。その行為は良い状況をさらに良く、悪い状況も好転させる第一歩となる。

✣イマイチの人は何かにつけて人を試そうとする魂胆が見え隠れするが、きちんと生きてる人は、心の奥で応援のまなざしを向けているので、その人も頑張れる。

✣イマイチの人は俗世間に長《た》け自分に似合わぬオシャレもするが、きちんと生きてる人は、スタンダードなオシャレを知っている。教養もあるから、品格もにじむ。

✣イマイチの人は場の雰囲気にそぐわないオシャレをするが、きちんと生きてる人は、その場と相手に合わせたオシャレができるから、一緒にいて心地よい。

✣イマイチの人は面倒なことは人にやってもらうように仕向けるが、きちんと生きてる人は、面倒なことこそ自分がやる。万が一のときでも自分が責任をとる腹が据《す》わっている。

✣イマイチの人は部下へ気兼ねして注意を怠るが、きちんと生きてる人は、部下の将来を思うからこそ、厳しく注意する。部下もきちんとしてる上司には反発できない。

✣イマイチの人は相手が喜ぶことをしたいと思うだけだが、きちんと生きてる人は、それをキッチリ行動にうつしたり、言葉にできたりする。

✣イマイチの人は「バカ正直」に生きて人と衝突するが、きちんと生きてる人は、「愚直」に生きながらも相手の心の内に添うことも忘れないので、人は感動する。

明るく前向きな人は人に好かれる

●一生懸命な人は、やっぱり強い！

前向きに生きる人 ストレスに負ける人

ストレスは逃げ続けるからツラクなる

現代がどんな時代であるかを、ひと言で「ストレス社会の時代である」と言い切る人がかなり多い。この表現ですべて言いつくされるとは思えないが、さりとて見方が大きく外れているとも思わない。たしかにいろんなストレスをかかえ込み、悩んでいる人が多い世の中であるのはまぎれもない。

そうかといって、現代人が急にストレスに抵抗力を失ったわけではあるまい。それはストレスをもたらす原因（ストレッサー）が、昔にくらべると複雑系になっているからにほかならない。

会社を例にとれば、各組織は経営方針に基づいた事業計画の数値目標を立て、それをクリアするのにきびしい管理がなされている。個人が自分の成果目標を追うにしても、どこかで必ず他人と関わらなければ仕事が行きづまるだろう。それは職場内だけにかぎらない。他部署はもちろん、社外との根回し、調整、相談といった、コミュニケーション力が問われない仕事はまずなかろう。

けっきょくは人間関係がうまくいかなければ仕事はやりづらいし、はかどらないのだ。そうはわかっていても対人関係は厄介で、ひとすじ縄でいかない相手と関わりを持たないわけにいかない場合もある。

だからストレッサーの原因でいちばん多いのが、人間関係の悩みだという説もうなずける。だが今の時代、人びとの悩みはそれだけにはとどまらない。そんなことで悩んでも仕方がないじゃないか、と言いたくなるような神経質な人もいるのだ。

たとえば排気ガスや騒音、なかにはタバコの煙や水道水の臭《にお》いといった、社会的要因がストレッサーになる人もいる。社会的要因だけでも数えていけばキリがないほどある。農薬や食品偽装にまつわる不信感など、昔はそれほど気にする人はいなかった。

ほかには病気や疲労、睡眠不足とか慢性的なイライラ感といった肉体的要因からきている人もかなり多い。

さらに心理的な要因が追い討ちをかける。身近なところで起こる不幸、ギクシャクした近所づき合い、失業や失恋、離別、進学とか就職の悩み、子の親ばなれや結婚、多額のローン返済など、考えていけばキリがない。地震とか水害の被害体験なども心理的要因としてはかなりなインパクトで精神的には打撃を与える。

このようにストレスとは、個人が精神的な圧迫感に押しつぶされそうになることだと言える。要はプレッシャーのことだ。最近ではなんらかのストレスをかかえている人が全体の半数を超えているというから、一種の国民病と言えなくもない。

しかし大事なことは、個々の人の受け止め方と考え方だ。重度のストレスとたたかって身も心もボロボロになる人もいれば、多少のプレッシャーであればそれを生きるパワーに変えて奮《ふる》い立ち、ストレッサーと上手につき合っていける人も大勢いる。

その人の性格にもよるが、なんでもかんでも悩みのタネにしないで、前向きにポジティブ思考で解決していくしか仕方がなかろう。どうせ避けて通れないことなら、逃げずに立ち向かうしかないではないか。逃げればそれが追いかけてきて、のしかかる。そうなれば重い気分で毎日を引きずるのは明らかだ。

とくに対人関係のむずかしさからくるストレスは、コミュニケーション力をつけて乗り越えるしかない。そうすればウソのように楽になれるものなのだ。

ポジティブに生きる人は周りに人が集まる

近ごろでは昔にくらべ職場の全員が、やれ忘年会だ、一泊旅行だといって群れをなし、イヤがる者まで半強制的に束《たば》ねて騒ぐようなやり方ははやらないという。気がおけない者同士が飲みにいって語り合うのは今も昔も同じだが、半強制的となると異端者もいるし、いがみ合っている者、つまらないことで張り合っている者がいたりと、なかなか全員参加とはいかないものだ。

たいていこの種の集まりは回を重ねていくうちに、よこしまな人間が現れたり、悪口を言い合っているどちらかが抜け落ちたりと、だんだんバラけて有志だけの会になったりするものなのだ。自然消滅してしまう会もけっこう多い。

そういうなかで、D君たちの同期入社組はよくまとまっていると社内でも評判だった。だいたい同期の会は上下の気疲れがないし、なによりも横断的に社内の情報や風評がつかめるから息抜きにもなる。

しかし、そのような理由だけでD君たちの同期会が存続しているとは思えない。一〇年以上も瓦解《がかい》せずに続いている最大の理由は、なんといってもまとめ役を買ってでているD君個人の人柄によるものと考えられる。

とにかく社内でD君に関して良い評判は耳にしても、悪い話は聞いたことがない。現実には完璧人間がいるはずはないのに、彼を賞《ほ》めちぎる先輩や上司が大勢いた。

それらの声をまとめてみると、次のような大まかな人物像が浮き出てくる。

▼すべての事を前向きにとらえ、ポジティブな印象が周囲に好感を与えている。

▼芯《しん》が強く、苦境にもめげない。彼の行動からはエネルギッシュでスピード感が伝わってくる。

▼自分の立場をわきまえ、相手の立場、相手の気持ちをよく考えている。

▼責任感が強く、ワリの悪い仕事でもイヤな顔をしないで全力で取り組む。

▼「……してあげる」ではなく「……させていただく」という気持ちが、彼の言動のなかににじんでいる。

▼人の話を真剣な眼差しで聞くときの目線がいい。

▼あいまいで、いいかげんな話をしない。言うべきときにはメリハリ感のある自論をきち

んと言う。

▼清潔感のある身だしなみは華美にならず、かといってセンスは悪くない。

こう書いてみると、私が創り上げた理想人間のような気さえしてくる。入社後一〇年を過ぎてこのような評価がなされる人物なら、管理職からも「わが社は君が必要だ」と言われるのは当然のことである。

D君たち同期の会がぼちぼちバラけてもおかしくないのに存続しているのは、一《いっ》に彼のすばらしい人間性によるところが大きいのは間違いない。本当なら参加したくないと考えている者も何人かはいるらしいのだが、それでも「Dの顔をつぶすわけにはいかない」とひとり残らず駆けつけるのだという。

D君が敵をつくらないのではなく、彼の前には敵が現れてこないのだ。つまりはそれが人徳と言われるものなのだろう。人徳は生まれつきのものではない、今からでも育つものなのだと知っておこう。

論語にあるように「徳孤《とくこ》ならず、必ず隣《となり》あり」というのは、人徳のある人の周りには必ず慕うものが取り巻いて絶えないという意味である。「徳」と言うとむずかしく聞こえるが、要は「多くの人から好かれる人であれ」ということだと考えればよい。

自分も相手も肯定できる人 自分も相手も否定する人

こちらが嫌えば相手も必ず嫌う

一般論ではあるが、内気で無愛想なわりには日本人ほど対人関係で気を揉《も》む国民は、世界でも珍しいと言われている。もしそれが本当なら、この国では古くから他人への気ばたらきが美徳とされ、長いあいだに国民性となって親から子へ、子から孫へと引き継がれてきた特有の風土であるのかもしれない。

しかし現代は政治から経済、文化の面でもグローバル時代であり、日本人が他国の人たちとくらべて異質だとは思わない。ただ言えることは、欧米人のような派手なパフォーマンスが苦手であるのはたしかだ。

そうは言いながらもG7先進国主脳会議の初期のころ、当時の中曾根総理がテレビカメラの前で、他国の首脳のあいだをすり抜け、鉄の女とよばれた英国サッチャー首相を押しのけ、中央に立つ米国レーガン大統領の隣に割り込んだことがあった。日本人が世界のどこででも堂々と振る舞うようになったのは、ちょうどそのころからであったろう。

ただ昔も今も変わらないのが、人間関係のややこしさである。むしろ日本では、昔よりもわずらわしくなっているのかもしれない。

個人の価値観が多様化し、プライバシーと個人主義が尊重されるようになり、対人関係でムダに神経をすり減らすなんてバカらしいと考える人たちがふえているせいかもしれない。コミュニティーの崩壊が地方にまで波及していることが、それを物語っている。むこう三軒両隣が気安く「コンチハ」と、ズカズカとよその庭に入り、縁側に腰かけて語り合うような光景は影をひそめてしまった。

だが時代はどうあれ、いつの世も私たちは人との関わりなしでは生きられない。家庭、学校、職場、同好会や同窓会、近所づき合いなど、自分を取り巻く周りには、多くの人との交流がある。それらすべての人たちと気が許せるならいいが、簡単にそうはいかない。

自分を取り巻いている大勢のなかには、顔すら見たくないのが何人いても不思議ではない。だからといって学校や会社をサボるわけにはいくまい。対人関係をネガティブにとらえていると、世の中が暗く閉ざされてしまう。そうではなく、相手を好きになれないのは、自分のほうにもつまらない思い込みがあるからではないかと、スタンスを変えて反省してみるのも、前向きになれるひとつの考え方ではないかと私はそう思う。

相手との距離を縮めるには「地」でいくしかない

どんな人とでも早く打ちとけられる交際術のキメ手はないものかと、つき合いベタの人はそう思うだろう。しかしキメ手があるとすれば、その数はひとつやふたつではとても足りまい。相手のタイプに合わせて、交際術にちがいがあるからだ。

世の中にはすぐになれなれしく近づいてくれる人、何度会っても距離をつめてくれない人、ぶっきらぼうな人、気むずかしくて人間嫌いな人、堅苦《かたくる》しい人など、いろんなタイプがゴチャまぜになっている。したがって「これだ！」と言えるような型にはまったキメ手が個々に通用するはずがないのだ。

百人の相手に百様《ひゃくよう》のつき合い方ができる器用な人がいるわけはない。だいいち、自分自身からしてひとつの型にはまった人間なのだ。そう考えれば、アタマから相手に苦手意識は持たず、第一印象や先入観で相手の人間像をつくり上げてはいけないのだ。

相手にクセがあれば、こちらにも負けず劣らず独特のクセがあるはずだ。人間関係とは、型の異なる者同士が互いに心をすり合わせることなのだから、初めから計算された機械や歯車のようにスムーズに噛み合うわけがない。しかし私たちは、人づき合い、わずらわしい人間関係という、筋書きどおりにはいかない人間ドラマからは、生きているかぎり抜け出せないのである。

けっきょくは、相手も自分も「地《じ》」でいくしかないのである。「地」とは本来その人が持っているものである。百人がいれば百の「地」があり、どんな人ともうまくやろうと思うなら、相手の「地」に合わせるよう自らの地ならしがどうしても必要だろう。むこうが自分に合わせるべきと考えていたら、いつまでたっても互いの距離は縮まらないと思う。

だからといって、自分の「地」を曲げてまで相手に合わせる必要はまったくない。だいいち、なんでもかんでも言いなりになってはナメられるだけだ。本当に気の合う仲でいたいのであれば、互いが相手の考えを尊重する関係でなければ長続きしないものなのだ。

相手を尊重することは、言い換えるなら受容することだ。それはこちらの気持ちにゆとりがなければできない。対人関係を丸くおさめようと努力する人は、たいてい心が大きくてフトコロの深い人だとみてよい。心にゆとりがあるからこそ「話のよくわかる人」という見方がされ、よほどの相手以外は誰とでもそこそこにやっていけるのだ。

何事も調子を合わさなくてもよいから相手の気持ちを汲《く》みとり、「わかってあげる」姿が相手に伝われればそれでよいのだ。そう簡単にできる話ではないが、明るく前向きに、ポジティブに生きようとしている人なら必然的にできているはずである。

挫折を味わってふつうになれる人もいる

自分をその他大勢組と一緒にしないでくれと言わんばかりに、エリート意識をむき出す鼻持ちならない人間はどこの会社でもいるものだ。一流校をでたという実績が、そのまま社会でもモノを言うと勘違いしている者のなかに、とくにこのテの人間が多い。

彼らは自分の威張った態度が周りから特別な目で見られているのをうすうす感じてはいるが、むしろ本人はそれに快感を覚えているフシさえある。自分を敵視する連中はどうせ二流以下なのだから最初から敵ではないと、アタマから人を侮蔑《ぶべつ》の目で見下す。どうやらそれは、小さいときからチヤホヤされているうちに、体にしみ込んでしまった欠陥ではないかと思われる。

入社後もしばらくは、その欠陥を持ったままでもなんとかいける。「まだまだ若い。そのうち大人になるだろう」といった見方で大目にみてもらえるからだ。

だいたい彼らの会社生活の第一歩は、その多くが日の当たる部署に配属されることからはじまるのがふつうだ。そうする会社もいけないと思う。本人がその他大勢にくらべ特別扱いされているような気分になってしまうのだ。用意ドン！のスタート地点から、すでに自分は見晴らしのよい場所に立っているという錯覚を抱いてしまう。

しかし、そのような自惚《うぬぼ》れの期間がいつまでも続くわけはない。人を小馬鹿にし、アゴをしゃくり、のけぞるように廊下の真ん中を歩いていれば、やがては周りの目が冷たくなるに決まっている。同僚はもちろん、あげくには上司からも態度がデカイと睨《にら》まれるようになる。

ところが、頭のてっぺんから足の先までプライドの塊《かたまり》のようであった人間が、ひとつのきっかけでガラッと別人のように変わることがある。ある時期を境目に、急に誰彼となくすり寄ってきたりするのだ。

なにが彼らを豹変《ひょうへん》させるのかと言えば、それは彼らがこれまで味わったことがない苦い挫折感である。同僚とは最初からうまくいくと思っていなかったにせよ、まさか上司からこうまできびしく査定されるとは夢にも思わなかったのだろう。人物評価が人事考課の足を引っ張り、二流と見下げていた連中にまで先を越されて、急にしおれてしまうのだ。

高慢なタイプの人間は、自分が順調だと確信が持てているうちはますます図にのる。しかし、いったん自信をなくすると急にしおらしくなったり、それまで見下げていた相手を持ち上げるような行動すらとることがあるのだ。そうでもしなければ自分の周りに誰もいなくなるような不安感が募って心細くなるからだろう。

人を侮蔑し、ときには威圧したり非難までしていたのが、とたんに哀願調になったり愚《ぐ》痴《ち》っぽくなったりする。周りから無視されることの不安感からか、しまいには買収しようとするような言動まで見せる者がいる。しかし、きのうまで人を小馬鹿にしていた人間が、手のひらを返すように人間性そのものまで変えられるものだろうか。

その他大勢組としてはここで油断してはいけない。表面的にはカドがとれて柔らかく見えていても、かなり無理な演技をしていることが多いからだ。なにもムゲに退けることはないが、腹を割って話し合うことができないような人間とは、まァ、なるたけ自然体で、付かず離れずのスタンスでいけばよいと思う。

面白い話ができる人 四角四面のつまらぬ人

バカ話や軽口はたたけるが面白い話は人しだい

同じ話をするのでも、いっぽうの話は面白くてわかりやすいのに、もういっぽうの話はわかりにくくて味もそっけもないというのはよくあることだ。

話をうまくまとめて相手に伝えることは、スピーチ力のテクニックの問題である。それなら場数を踏むうちに、たいていが話し上手になれるものだ。

しかし、そういう人がすべて面白い話をするかとなると、必ずしもそうではない。いちおう型にはまった話はできるとしても、聞いているほうが心を揺すられて面白いと思うような話のできる人は、意外に少ないものだ。バカ話や軽口をたたくだけの人ならいくらでもいるが、本当の意味で面白い話ができる人はそう多くはないと思う。

みんなをドッと笑わせる話、大勢の人を前にしてバカうけする話などは、ことばの上からは面白い話と言ってもよかろう。しかし、そのたぐいの話はテクニックによってつくれることが多い。ここで言う本当に面白い話ができる人というのは、面白おかしく笑わせるのがうまい人をさしているのではない。

そりゃ話し方のテクニックもあるていどは必要だろう。しかし大事なことは、相手の気持ちをそらさないよう上手に話すことだ。

▼こう言えば相手はよろこんで聞いてくれるだろうか。

▼こういう言い方でわかってもらえるだろうか。

このように相手のことを慮る気持ちが身にしみついている人の話でないと、聞いているほうは面白くないことが多い。押しつけがましい一方的な話なんか、よほど興味がなければ聞きたくもないだろう。面白い話をする人に比較的みんなから好かれる人が多いのも、相手の気持ちや立場を考えて人と交じわっているからだと思う。

「話し方には人柄がでる」と言い切る人がいるが、まァ大方は当たっているような気がする。ふだんから面白い話ができもしないのに、とつぜん取ってつけたように、無理に面白い話に仕立てようとしても、かえって不愉快な話になってしまうことがある。

ある小料理屋で、いつもは皮肉屋として顔見知りの客からも一定の距離を置かれている常連客のひとりが、ちょっと面白い言い回しをするつもりでこう言った。

「なんてったって、この時期、当店でいちばんうまいものと言えば冷奴《ひややっこ》さ」

彼独特のイヤ味であることくらいは誰にでもわかる。豆腐屋から仕入れたナマのままの豆腐がいちばんうまいと言われ、真っ先に顔を真っ赤にしたのはそこの店主である。そりゃそうだろう。怒るまいことか、

「冷奴なら、うちよりうまい店はなんぼでも、そこらじゅうにありまっサ」

いつも愛想のいい店主の唇が強張《こわば》っていた。さすがの常連客もまずかったと思ったのか、ビールびんが空になる前にスーといなくなってしまった。たんに口が悪いだけの人物なら「そりゃないぜ」と笑いとばしてすむ話だ。しかし、イヤ味と揚げ足取りで人から嫌われている人間が言うと、どうしても皮肉たっぷりに聞こえてしまうものなのだ。

面白い話ができる人は人をホッとさせられる

元来、面白い話ができる人であれば、他人の心を傷つけるような言い方は絶対にしない

はずだ。むしろ気をはたらかせ、

「料理人としては腕のふるいようがなくて悪いけれど、冷奴が恋しい季節がやってきたなア。そこで一丁たのむか」

これくらいのことなら言うかもしれない。

先の常連は、たかが冷奴くらいと思ったかもしれない。しかし店主にしてみれば、ほかの料理はすべてまずいと言われたのに等しいのだ。怒りたくなる気持ちもわからないではないが、お客相手の商売だけに、ぐっとこらえて笑いでごまかすテもなかったわけではあるまい。よほど、ふだんからハラに据《す》えかねていたことがあったものと思われる。堪忍袋《かんにんぶくろ》の緒《お》が切れたと考えるべきだろう。

案の定というべきか、皮肉を言った客がいなくなったあと、店のなかがなんとなくシラケた空気につつまれた。と、いち早くそれを察知した常連のひとりで大手ゼネコンの部長が、場の雰囲気を変えようと考えたのだろう。

「やっぱ、タコは明石のものにかぎる。これを食ったらほかのタコはタコじゃない」

その部長が来店のたびにタコのぶつ切りを注文しているのを知っていただけに、つい私まで声に出して笑ってしまった。

「明石ダコがなぜうまいか知ってますか」

そう言ったのは隣のテーブルにいた地銀の支店長である。みんな顔なじみだ。

「それは明石海峡の潮の流れが早いもんで、それに揉《も》まれながら泳ぐうちに筋肉がリュウリュウとつくからうまくなるらしい」

「え？　タコに筋肉があるんですか」

「あるある、足は全部筋肉だって」

「まさか、骨もない軟体動物が……それでもあるんですかねえ」

「いやいや、ちっぽけだけど、骨だってあるらしい。ぼくも詳しくは知らないけれど、明石のウオンタナ（魚の棚市場）で、そう教わりましたよ」

「カニやエビを食っちゃうくらい鋭い歯があるわけだから、骨だってあっても不思議じゃない。ま、そんなことはどうでもよろしい。要は、明石のタコは世界一うまいってことですよ」

「そうそう、ここの名物明石焼きがうまいのも、明石のタコがうまいからですよ。それに、当店のアットホームな雰囲気がいいからですよ」

彼らふたりのやりとりを、漫才のかけ合いだと取ってはいけないだろう。ユーモアととるか、アド・リブをきかせた面白い話だと取るかは聞く人によって異なる。

はっきりわかったことは、気分をとりなおし楽しい雰囲気のなかでもういちど飲み直し、そこにいる顔見知りの常連客たちの気持ちをほぐそうと、気をはたらかせたことである。かけ合い漫才でもなければ、もちろん駄ジャレでもない。タコぶつにひっかけたアド・リブというふうに聞き取れた。

いつも楽しい酒の両人のおかげで、店のなかに明るさが戻った。なんだか救われた気分でホッとなったものだ。

というのも、下戸《げこ》の私がその店の常連であったのには理由があったからだ。会社が経営合理化の一環で社員食堂を閉鎖することになり、食堂の切り盛りを任せていた夫婦にも辞めてもらわざるを得なくなった。その夫婦がやっとそれらしき店を開いたのがその小料理屋であったのだ。

下世話から高尚な話まで なんでも受け入れられる人

勤め人が職場でおおっぴらに息抜きできるのは昼休みの時間だけだ。といってもメシ時間をさし引くと、わずか二〇～三〇分しか残らない。じつはこの時間こそが、頭をつかい神経が張りつめる仕事をしている者にとっては、大事なリフレッシュ時間なのだ。

そんな短い時間でも小説の続きを読んだり、机に顔を伏せて居眠りをしている者がいるけれど、このテの人はどちらかといえば仲間とワイワイガヤガヤ騒ぐのが苦手な少数派である。べつに皆からのけ者にされているわけでなくても、自分流を押し通してゆっくりくつろいでいる手合いである。

大方の人は気のおけない者同士でいくつかのグループに分かれ、他愛のない話題で談笑しながら息抜きをしている光景は今も昔も同じだ。よく見ていると、たいていどのグループも顔ぶれが決まっている。日ごろからウマの合う連中の仲良しクラブみたいなものだ。

どうってことのない話で時間を費やしているのだが、午後の仕事に取りかかる前の気分転換になる。笑い声、たまに奇声が上がったりと、和気あいあいの空気が漂っている。

しかしどこの職場にも、特定のグループ色に染まっていない人間が、必ず何人かはいるものだ。自分のほうから背中を向けるタイプもいるし、なかなか打ちとけにくい性格の人もいる。あるいは独特のクセがあって、どのグループからもはじき出される者もいる。言うならば無派閥みたいな存在だ。

なぜ派閥に所属できないのかを個々に見ていると、それなりにワケがあるのがわかってくる。その代表的な例をあげてみよう。

いちばん嫌われるのは、みんながバカ話をして盛り上がっているところへ割って入り、すぐに仕事の話をしたがる人間だ。せっかく与えられた自由なくつろぎ時間だというのに、人の話の腰をへし折ってでも仕事の話をしたがるのだから場がシラケてしまう。それ、はじまった……と、ひとり逃げ、ふたり去っていくのを見ているうちに、みんな自分の席へ戻っていく。これこそ仲良しクラブの壊し屋である。

言うまでもないが、仕事の話が好きだからといって仕事が趣味というわけではないし、よほどデキる人間かといえばそうでもない。むしろ、ふだんはあまりパッとしない部類のなかにこのテがいるように思う。ためしに黙って聞いていればすぐにわかる。仕事の話から会社の悪口になり、さいごは愚痴っぽい話になったりすることが多い。

あともうひとつのタイプを紹介しよう。それは他人が話していることにまったく興味を示さないばかりか、すぐに「クダラナイ」というような素振りを表す人間だ。

もともと、ひと息入れて一服するのと同じ気分でくつろぎたくて、みんなは肩の凝らない雑談で輪になっているのだ。オレオレ詐欺からスポーツ、あるいは芸能界の話題など、話がどんな分野に向くかわからないから面白いのだ。それを、自分はオマエさんたち俗人とはわけがちがうと言わんばかり、プイと立ち去ってしまう人間が少数派ではあるが必ずどこにもいるものだ。

堅物《かたぶつ》がいけないというのではない。話の内容や趣味が高尚《こうしょう》であることもいっこうにかまわない。しかし、自分の気位《きぐらい》の高さをあからさまに他人に見せつけようというのは、いかにも人間として小粒すぎる。

明るくおおらか、ふところが深くて大勢の人から好かれる人なら、たとえクダラナイと思うような話題であっても笑いながら聞いている。俗もエンターテインメントも関係ない。知らない話ならおおいに関心がありそうな素振りを見せ、またひとつ利口になったと思えばよいのだ。

だいたい気位の高いことを自分から人に見せつけるものではない。それは日常の生き方のなかから自然にわかってくるものであり、はたの人から「あの人はちがう」と言われてこそ本モノの気位と言えるのではないか。

幅のある人と言われる人のなかには、「どんな人とも、どんな話でもできる人」という意味も含まれているのだと思う。

対話と〝体話〟を大切にする人
何でもメールで済ませる人

直に話す言葉と交換メールとの温度のズレ

厄介な人間関係も乗り越えろ、と口先で言うだけなら簡単に聞こえる。しかし実際には立場や考え方の異なる個と個が向き合うわけで、ひと筋縄ではいかない。

ひとつのモノを組み上げるのであれば、設計図どおりに部材と部材をすり合わせていけば完成する。だが、人間同士のすり合わせはトントン拍子には運ばない。

それでも相手を選ぶわけにいかない場合、なんとしてでも取りついていかなくては仕方がない。サラリーマンであれば、上司はあるていど部下を選ぶことができるが、部下はその上司をイヤだと言って選べる立場にはない。

なにも無理してまでイヤな相手にこびることはないと考えるのか、近ごろは自分から積極的にコミュニケーションを取ろうとしない新入社員が目立つとも聞く。自分を押し殺してまで相手にへつらったり、わざとらしく持ち上げてまで人間関係で苦労するのはバカらしいとでもいうのか、プイと背中を向けたかと思っているうちに辞めてしまう者も少なからずいる世相である。

孤高《ここう》を保ってやっていけるならそれもよかろう。しかし、たいした取り柄《え》もないふつうの人間が、誰ともコミュニケーションを交わさずにやっていけるわけなどない。気がついたら中年のパラサイト・フリーターのままだったという事例がゴロゴロしている。

それでも近ごろでは、面と向き合うコミュニケーションは苦手でも、かわりに便利なメールのやりとりでなんとかなるとでも考えるのか、そっちのほうへのめり込む人がふえ続けている。これは若年層だけではなくて、老いも若きも、なのだ。定年後、家にひきこもってしまい、メールに没頭しているのが奥さんの愚痴からわかったというような話がザラにある。

たしかに時代の流れにおいてけぼりにされるよりはマシかもしれない。しかし、じつはメールには大変な落とし穴があるのをどれくらいの人が知っているだろうか。若い人のなかにはそれのわかっていない連中がかなりいるし、小・中学生ともなってくると、まるでわかっていないと思われる。

その危険な落とし穴とは、じかに話す言葉とメール文とのちがいにある。同じ意志の伝達や情報の交換をするにしても、感情の伝わり方にかなりな温度差があることだ。

たとえば互いにメール交換をしているうちに、しだいに恋愛感情が芽生える事例がよくあるそうだ。文面からは教養がありそうだとか、やさしそうだとか、相手のよい面を引き出そうとしてバーチャルな世界に浸っているうちに好きになってしまうのだ。

しかし、まだ会ったことも、ナマの声をじかに聞いたこともない者同士だ。もし最初のデートでバーチャル・リアリティーと本物との差があまりに大きすぎて、こんなはずではなかったと、幻滅感に打ちのめされてもそのあとが苦労する。現にこのようなケースがないわけではないらしい。

そこがメールとじかに語り合う対話との温度差であり、メールの怖《こわ》さでもある。

ある編集者から聞いた話だが、最近は編集者と書き手とが一度も顔を合わせず、メールだけで打ち合わせをし、原稿をやりとりし、本を出版することがあるという。忙しい両者が仕事場にいながらメールでやりとりをすれば、そりゃ便利だろう。しかしそこが落とし穴なのだ。目の前で編集者に原稿を読まれるときには私も緊張する。どんな顔で読まれるか、どんな感想が返ってくるのか、正直言って怖い。だが、本当に怖いのは、そこで両者が心の通ったやりとりをせず、結果、無味乾燥な原稿が出来上がってしまうことだろう。人と人が面と向かえば、嫌なこともあるが、代わりに教わることも、またそこからよいアイデアが生まれることもある。人間としての成長もあるのに、もったいないことだと思う。

書いてわからないことも話せばわかる

「面と向かっては言いたいことの半分も言えないが、メールならなんでも言える」シャーシャーとした顔でそう言った人がいた。たしかにそういう人もいるだろう。人見知りするタイプ、口での交渉力がまるでないタイプ、億劫《おっくう》がり屋の出不精タイプ、仕事に追われて家からでていく暇《ひま》のない売れっ子などにとって、ネットは便利なことこの上なかろう。

しかし、肉声では一〇のところを五しか言えなくても、互いに心の温もりが伝わることがあるし、細やかな感情の揺れが互いの表情からも読み取れる。互いの喜怒哀楽を表情や仕草からキャッチできる。それで相手の気持ちが読み取れる鋭い目を持っている人は、たいていコミュニケーション力にも長《た》けている人が多い。

反対にメールなら一〇のところをそれ以上に書き込むこともできる。しかし相手からの心の琴線《きんせん》に触れるものが伝わりにくいだけでなく、大変な誤解が生じることもある。

とくにメールでは曖昧《あいまい》な言い回しや冷たい紋切り型の言葉、悪意とも受け取れるような表現などは誤解と摩擦の原因にもなりかねない。なにしろ細やかな感情の動きまでは読み取りにくいのだ。たとえ冗談まじりに言ったつもりでも、冗談とは受け取ってもらえないことがある。でも相手の前で笑いながら話せば、それだけで、それが本気なのか冗談なのかが目でわかる。

スポーティーなタイプの中古車をネット上で探しているという若者の父親から相談を受けたことがある。なぜディーラーとか専門業者のところへ足を運ばないのかというと、父親は理由をこう述べた。

「だいたい息子は人と面と向かってしゃべることが苦手なのだ。販売店へいけば営業マンがへばりついて離れないのがかなわんと言うんだ。一方的にしゃべりまくられ、いちいち取り合っていたら腹は立ってくるし疲れてしまうのだそうだ。そこへいくとネットのほうは気が楽だって。なんでもズバズバ言えて、値段の交渉でもズバリ指し値が出せるからネットにかぎるって言うけれど、そんな買い方で大丈夫だろうか」

たしかに買い手は顔が見えないぶん、攻撃にでやすい。そして相手がそれを受け入れないなら別口を探せばよい。物件ならネット上に溢れるくらい氾濫していて不自由はしない。まァそこまでならたいした問題は起こるまい。しかしクルマというモノがモノであるだけに、ふつうなら現ブツを見もしないで売買契約を結ぶ気には到底なれるものではない。クルマは人命をあやめることもあるし、ドライバー本人の安全にも関わる危険な機械モノである。

しかも中古車ともなれば、ひょっとして事故修復歴があるかもしれない。なにか隠しごとがあるからネット上にかかってくる買い手を待っているのではないかと、そこまで勘ぐるくらいでちょうどよいのかもしれない。

ネット上で目当てのタマを絞《しぼ》り込んでいく方法も賢い探し方だとは思う。しかし、いざゲットしようという段階になれば、出かけて行って現ブツに触れ、アラ探しから試乗まで、ぬかりのないよう確認した上でなければ契約しないのは当然のことだ。

いくら人見知りするからとか口重だからといっても、最終の詰めはやはり本人が出向いて行かざるを得まい。時代の先端をいくネット情報にもおのずから限界がある。

さて、あなたはどちら？

❖イマイチの人は自分にこだわりすぎてストレスがたまるが、きちんと生きてる人は、信念は曲げないまでも前向きに変身できるので、ストレスをストレスとも思わない。

❖イマイチの人はストレスの原因を避けようとするが、きちんと生きてる人は、「命まではとられまい」と気楽に考えて前向きに対処するので、乗り越えられるし、成長する。

❖イマイチの人は「〜してあげる」の思いが言動に見え隠れするが、きちんと生きてる人は、「〜させていただく」という気持ちで行動するので、好感をもたれる。

❖イマイチの人は負けるのを嫌い苦境に陥ってめげるが、きちんと生きてる人は、負けを認められるので、めげないし、転んでもタダでは起きないガッツがある。

❖イマイチの人は頑張ると敵に「出る杭を打たれる」が、きちんと生きてる人は、敵が現れない。彼の頑張りは皆のためだし、弱点を突こうにも見つからないからだ。

❖イマイチの人は人間関係が一番のストレスになるが、きちんと生きてる人は、人間には個性があることを知っているので、人を変えようとか、自分が変わろうとかで思い悩むことはなく、自然体で生きられる。

✣イマイチの人は「自分の力を過信してる」から失敗に挫折するが、きちんと生きてる人は、「自分の力を信じている」から、失敗も乗り越えられる。

✣イマイチの人はツライときにそのまま苦しい顔をするので、ますますツラクなり他人も敬遠するが、きちんと生きてる人は、苦しいときにも笑顔でいる胆力があるので、しだいに心も軽くなるし、周囲も応援してくれるので人生が好転する。

✣イマイチの人は場違いな面白話で相手を苦笑させるが、きちんと生きてる人は、その相手が喜びそうな楽しい話材を選び、楽しそうに話すので、みんなが愉快になる。

✣イマイチの人は皮肉っぽい面白話で相手を傷つけながら笑いをとるが、きちんと生きてる人は、相手や周りを考えて面白おかしい話をするので、場が和む。

✣イマイチの人は「頭と口が直結」だから失言して相手を傷つけるが、きちんと生きてる人は、つねに相手の立場を思いやるから、言ってはいけないことは瞬時に避ける。

✣イマイチの人は人の話の腰をへし折って理屈を言ったり、ムリに話題を取り繕《つくろ》うが、きちんと生きてる人は、笑いながら上手に合いの手を打って、相手に気分よく話させる。

✣イマイチの人は便利なメールでコミュニケーションをとるが、きちんと生きてる人は、対面して話すべき大切なことは、メールに頼らない。

✣イマイチの人は都合の悪いことほどメールですまそうとするが、きちんと生きてる人は、すぐに飛んでいって、顔を見て話す。そして事態が一気に好転する。

✣イマイチの人はメールなら口にできないことも言えるが、きちんと生きてる人は、口で言えないことは態度や表情、つまり心で言う術を知っている。

✣イマイチの人は人とのやり取りが億劫なので買い物までメールに頼るが、きちんと生きてる人は、自分の目や耳もフルにつかって物事の良し悪しを判断するので、大切なことはメールでは済まさない。

✣イマイチの人は本を読まないが、きちんと生きてる人は、よく本を読むので、想像力も広がり、考える力もつくので、人の心をそらさないコミュニケーションができる。

柔軟で芯のブレない人は人に信頼される

●潔い人は、やっぱり強い！

自分を見つめられる人 自分を変えられない人

嫌な奴だと決めつける前に自分を知ること

嫌いだ嫌いだとこちらが一方的に思っていると、その考えはますます募《つの》るものだ。ただアタマから嫌うのではなく、その人のどこが嫌いかをよく分析し、ならば自分はどう対応すればよいかを考えなかったら、人間関係は絶対に改善しないだろう。全部相手のほうが悪いということはあり得ないのだ。

嫌いというのにも個々にちがいがある。いまひとつしっくりいかないという潜在的な温度差を感じているていどなのか、自分のほうから勝手に苦手意識を持っているのか、また、あんなヤツの顔は見たくもないというほど嫌悪を抱いている場合もあるし、一人一人に抱く感情はかなりちがってくる。いずれにしろ、積極的につき合う気がしない相手というのは誰にでもいるだろう。

そんなにイヤなら無理してまでつき合わなくてもいい、と思っても、人は生きているかぎり、そういうわけにはいかない。「見ざる、聞かざる、言わざる」のようにいかないところが三猿《さんえん》と人間とのちがいなのだ。

近所づき合いにしろ、会社の仕事にしろ、イヤな相手とも顔を合わせ、話を聞き、こちらからも言うべきことは言わなくてはなるまい。たとえ意見が食いちがったり、話がこじれて険悪になりそうだと思っても、避けて通ることのできないコミュニケーションの必要に迫られることは誰にでもある。

一例として、新車や家電製品などの発売に欠くことのできない取扱説明書の作成で考えてみよう。あれは通称「トリセツ」とよび、ユーザーに製品の取扱い方を説く必需品で、原稿から製本になるまでサービス部門が担当するケースが多い。

サービス部のA君が一〇〇ページ前後の新車トリセツをまとめることになったとする。あのトリセツのなかには数多くの図面やイラストがつかわれる。それをすべてサービス部で作れるはずはなく、図面によっては設計部、イラストや写真、絵文字などは宣伝部や販促部といった関連部署にあるものを借用したり、ときにはそれらの各部門に製作を依頼しなければならないケースもあろう。

もし仮に、設計部のBは人を見下げた態度の生意気な男で、よほどこちらが低姿勢で頼まなければ意地悪されそうだという先入観がA君にあったとしよう。いっぽう宣伝部のCはと言えば、原稿資料の提供には協力を惜《お》しまないのはいいが、いちいち編集に口出ししてうるさいことこの上ない。要はお節介《せっかい》なのだ。

このような場合、A君がいい仕事をしようと思うなら、当然のこととして彼自身の対人感情を変える必要がある。虫が好かんだの、いちいち節介を焼きすぎるだのと、自分本位の考え方でとらえてはいけないのだ。

嫌いなものは嫌いとはっきり受け入れないのが「ブレない自分」を貫くことにはならない。また、恩着せがましく図面を貸してやろうという相手に、へりくだってまで借りたくないというのを「潔い生き方」と言わないのは当然のことである。

図面を借りて助けていただくという謙虚な気持ち、借りた図面のおかげで消費者に親切ないいトリセツが作れるという感謝の気持ち、それらが宿っていなければ組織で円滑な人間関係を保つのは無理である。ブレない芯の強さ、潔く明快に振る舞うなかにも、そのような謙虚さがあれば貸し出すほうだって気持ちよく協力してくれるはずだ。そうでなければいいトリセツは完成しないと思う。これはどんな仕事にも当てはまる。

自分から近づけば相手との距離は縮まる

図面はBがまとめたものだとしても、それはB個人のものでもなければ設計部のものでもあるまい。それは会社の大切な資料であり、同時に会社の財産である。それをサービス部のA君が使用したいという申し入れを断れる理由はどこにもないはずだ。

ただ、Bがニコリともせず素っ気ない態度で一筆書いていけと言い、「資料借用願い」なるものを書かせたとしても、それが設計部のルールなら仕方のないことだ。なんだ、デカイ態度で、とA君がカチンときたとしても、BがA君にだけ特別に横柄《おうへい》な態度をとったわけではなく、誰に対してもそのように生意気に見える男なのかもしれない。

宣伝部のCにしても、うるさくなるほど節介を焼きたがるのは、好意的気持ちの表れととれるフシがある。宣伝部に在籍して培《つちか》った編集技術や印刷の専門知識を生かし、少しでもA君が秀《すぐ》れた内容のトリセツを仕上げるようにと、サポートしているとみるのが妥当ではないかと私は思いたい。よほど押しつけがましいなら話は別だが、節介焼きには好意的で、かつ馴れ馴れしく近づいてくるタイプの人が多いものだ。

だいたい、好き嫌いの感情にとらわれすぎていると、サラリーマンという職業ほど気の重くなるものはない。いちいち気にしていたら、自分の周りはほとんど苦手な人間に囲まれたような重圧のなかで仕事をしなければならなくなる。それでは気の弱い人は毎日が苦しくて身がもたなくなる。

逆に気の強い人間は、あっちでもこっちでも衝突をくり返し、しまいには嫌われ者として烙印《らくいん》を押されることになる。それもサラリーマンとして一生を送るなら、本人としてもけっして楽しい会社人生ではなかったことになろう。

ふつうの人なら誰だって、ひとりでも多くウマの合う友人が欲しいという願望を持っているだろう。そうであるのに友人がふえないのは、けっきょくは相手の性格やクセ、考えていることがよく理解できないからなのだ。

最初から苦手意識を持たず、自分のほうから相手に合わせるよう近づいていく発想に切り換えてみてはどうか。相手にむかって「自分に近づいてこい」という考え方をむき出しにしていたのでは、いつのまにか「渡る世間は敵ばかり」になること間違いなしだ。人間関係を築くこととは、ある意味では敵を味方に引き込むことでもあるのだ。

相手との距離が思うように縮まらない最大の理由を、私はこれひとつしかないのではないかとすら思っているくらいなのだ。すなわち、
▼相手のほうからもっと近づいてくれるのを望んでいるのに、面と向かうと、なかなか腹を割ってくれない。

ほとんどの人がそういうスタンスなのではないだろうか。双方がこのように同じ考え方でいるとしたら、いつまでたっても互いの距離が縮まるわけがない。

そうではなく、こちらから先に相手のほうへ歩み寄り、相手を容認する気持ちを持つことが大切なのではないだろうか。こちらが変われば、ひょんなことから互いが急接近することがあるものなのだ。

なんだ、そうだったのか、と互いの見方が変わり、急に親近感が持てるようになることがよくある。私にもそういう友人が何人かいる。

くだらぬ優越意識が人との距離を広げている

古い話になるが、私が東京の本社から地方の販社へ転籍して間もないころ、取引で世話

になっていたメガバンクの副支店長が、本店へ栄転で帰任《きにん》することになった。ちょうど銀行にカネがだぶつき、どんどん貸しまくっていたバブル時代であったが、私も住宅の買い替えで個人的に短期のつなぎ資金が必要になって困っていたところ、すぐに融資を快諾《かいだく》してくれた人物でもあった。

そういういきさつもあり、ポケットマネーで歓送会を持ったことがある。その折、副支店長がさかんに本店へは帰りたくない心境だと言い出したのである。

理由はこうだ。こんど帰任する部署の担当役員は、彼が行内で誰よりも大嫌いな人物であるからなのだという。顔を見るのさえイヤだと言った。

「ぼくが入行したときは、その役員はまだ課長でしたよ。しかしなぜかぼくは特別に睨まれ、そりゃもうコテンパンにいじめられましたよ。そんな男の下へ戻るなんて、考えただけでも気が重くなるもんですよ」

エリートにしてはずいぶん気の弱いことを言うものだと意外であった。部下の融資担当者からは、全国屈指の進学校から現役で東大に入った秀才だと聞かされていた。それなりにプライドがあるだろうに、ついホンネの弱音を吐いたのかもしれない。

話が進むうちに、私は「こりゃダメだ」と思うようになり、返事に困ってしまった。

「とにかくあの男は自分よりも有名な大学を出た部下には特別にきつく当たるんです。そういうひがみがむき出しになるから本当にやりにくい」

いやはや、どちらのほうに問題があるかは第三者でもすぐにわかることだ。私はいち早く話題を変えたくなり、話の腰を折るつもりでこう言った。

「気楽に帰られたらどうですか。そのうち、あなたより上役のほうが先に会社を去ることだけは間違いないし、それもしばらくだけの辛抱《しんぼう》ですよ」

それしか言う言葉が思い浮かばなかったのである。

まさか私の口から「あなたの優越意識のほうがむしろ問題ですよ」などと説教できる立場にはない。たとえ軋轢《あつれき》のあった時期からは一〇年以上も間がおかれたにしても、副支店長のほうが変わらないかぎり、ふたりの距離は縮まらないだろうと私には思えたのだ。

ここで言えることは、組織はタテの力学による上下関係が動かしているという現実が歴然とあることだ。どんなにイヤな上司でも、たとえクールにでも、つき合わないわけにはいくまい。付かず離れずのスタンスも、上下関係で度が過ぎてはまずいだろう。

けっきょくは、組織人として自分の考え方がブレていることに彼自身が気づくことが、なによりも肝心だと思う。

いつでもけじめのある人 調子にのって我を失う人

節度と礼儀を忘れるから友人関係にヒビが入る

ラクな気持ちで腹を割って話し合えてこそ、真の友人と言えるのだろう。それだって、どちらかいっぽうに相手を立てる気持ちがうすれていけば、やがてふたりのあいだは疎遠《そえん》になっていくものだ。

いくら親しいとはいっても、もともとはアカの他人である。イヤなら無理してつき合う必要はないわけだ。友人だからといってラクな気持ちから、つい無礼《ぶれい》が限度を超え、いったん互いのあいだに軋《きし》みが生じれば、あとはどう取りつくろってもシコリが残ってうまくいかなくなる。そのような体験を持っている人はけっこう多いのではあるまいか。

なんでもぶちまけて言える友人、落ち込んだときに心を癒やしてくれる友人、会いたいなァと思う友人は多ければ多いほどいい。しかし、人物としては申し分ないと思っても、どことなく波長が合わない部分があったりして、とことん打ちとけられる友人を絞《しぼ》り込んでいけば、限られた人数になる。

だからこそ、宝の友人との関係をないがしろにしてはいけないのだ。年賀状を取り交わすだけでは友人じゃない、それはたんなる知人である。

そう考えると「この人なら！」と思える人との関係を気安く考えたり、ちょっとしたことでも粗相《そそう》があってはいけないと思う。他人であるのに損トク抜きで支えてくれ、ときには生きるパワーまで与えてくれる人は心の財産と言ってよい。

それにしては、いっぽうで人は、簡単に友人に去られてしまうことがある。その原因の多くは、あまりに気安くなりすぎて礼を失し、相手に失望を与えてしまうような言動に気づかなくなるからである。要は甘えてしまうわけだ。友人なんだからこれくらいいいだろう、という軽い気持ちが相手を傷つけてしまっていることに気づかない。些細《ささい》なことでも、相手にとっては痛烈なショックになることがある。たとえば、

▼自分だけ調子にのり、相手の気持ちを汲んであげなかったら……？

「ぼくのボーナス、予想を超えるプラス α がついていたぞ」と片方がウハウハ大喜びで言

ったとする。そりゃ成果重視の時代だから実績が反映されるのは仕方ないにしても、成果が上がらないと悩んでいた相棒の目の前でひけらかすのは、あまりにも配慮に欠けていないだろうか。成果重視とは言うが、部署とか職種によってはなかなかツキが回ってこないこともあるのだ。

▼真剣に話したつもりなのに、親身になって聞いてくれなかったら……?

「やれ進学だ、住宅ローンだと、いろいろあって参ったなぁ」と、友人同士ならこれくらいのボヤキがでてもおかしくはない。しかしそれがたんなるボヤキなのか、それともかなり深刻な話なのかは、顔つきとか口ぶりでわかるものだ。真の友人なら尚さらピンとくるはずだ。にもかかわらず、「きみ、さっき、なんて言った?」と、考え込んでいる相手にしばらく間をおいたのちに聞き返すようでは、聞くフリはしていても実際には上《うわ》の空であったと思われても仕方がない。

「そうだったのか、頼りがいがないんだ」となってしまう。

▼人の気も知らないで、自分の幸せだけ見せつけられたら……?

双子の姉妹でもこうはいかないだろうというくらい仲のいいふたりの女性がいた。A子は、B子が男性にフラれたかたちで失恋のどん底から這《は》い上がろうとしているのを、十分に承知していた。相談相手になってあげたという自負もあった。

そんな折、「わたし、やっぱり結婚する！」と、いきなりB子がそう言ったのである。逃げた相手とヨリが戻ったのかと、こっちまで嬉しくなって歓びの声をあげたところ、あろうことか別の相手だと言うから、これにはA子もたまげた。

A子はB子がふた股をかけていたことを知らなかったのである。片想いのほうの相談でさんざんもてあそばれたA子が、B子の結婚披露宴に出席していなかったという噂は、聞きたくなくても翌日にはもう私の耳に入っていた。

場所と立場を考えて相手を立てることが大切

取引先の社長と経理担当役員とを接待した折、二軒目のバーは先方の接待を受けることになった。そこで役員が上機嫌になりすぎて困ったことがあった。私の目の前でヒラ重役が自社の社長をつかまえ、名字にサン付けで呼びはじめたのだ。それも一度や二度ではない。

社長の顔に不快感を表す色がサッと走るのを、私は直感で嗅《か》いだ。販売の第一線に立っていた二〇年間をほとんどウーロン茶でごまかしてきた下戸だけに、私は酒席で睡魔《すいま》に襲われたり視力が衰えたりした経験がほとんどないのである。多少の暗がりでも他人の顔色くらいは読めたと思っている。

その場所はたしかに職場ではない。しかしたとえバーとはいえ、取引先の接待となれば、するほうも、されるほうも、見方によっては仕事の延長だともとれる。ましてや取引相手と顔なじみの店の女の子を前に、部下から気安く扱われて面白いはずはなかろう。

いくら新任の社長で、最近まで役職や身分にそれほどの差がなかった仲だとはいえ、立場は逆転しているわけだ。社長対ヒラ取という立場、仕事の延長とも言える場所、このふたつの「場」を忘れ、つい「地」がでてしまったヒラ取は減点になったかもしれない。

このテのクセがある人間は何人も見てきた。だいたいが、ふだんから態度のデカイ人間に多く見かけられるように思えてならないのだが、外れているだろうか。上役はすべてサン付けの名字で呼ぶというしきたりの会社はいくつか知っている。それですら、

「会社のルールだから慣れてくれれば別に違和感はありません。しかし、社長にだけは面と向かってサン付けでよべるものではありません」

ある会社でそんな声を聞いたことがある。そうだろうと思う。

また、昼休みのたまり場になっていた喫茶店で、ひとりの部下が調子にのりすぎたのだろうか、課長をつかまえて「あんた」呼ばわりし、それを連発していた場面に居合わせたことがあった。正直言って、はたの者にも不快な耳ざわりに聞こえたものだ。部下と課長の年齢差はほとんどなかったろう。そのうちに課長のほうがキレてしまった。

「やかましいっ。キサマにちゃんとそれができるのか！」

課長が怒りだしたのは、経費の節約を部下にはきびしく言うわりに自分には甘いと言われ、それでカチンときたのだろう。しかしキレる前から何度となく「あんた」呼ばわりされ、気安いのにもホドがあるぞと爆発する下地があったからにちがいあるまい。立場と場所というふたつの「場」を、あだやおろそかに考えてはいけない。

否定や拒否を気安くするから相手が傷つく

会社とか団体組織はまさに上下社会である。上下の力学がうまくはたらいて企業は存続する。ヨコの関係もけっこうわずらわしいが、なんといってもタテの関係では神経をつかう。上司に気安くしすぎて睨まれたケースを多く見てきた。

とくに気をつけなくてはいけないことは、上司に対する否定的な言動だ。

「そうはおっしゃいますが……」というひと言を、どうしても言わないと気がすまないタイプの人間がいるが、それを聞きたくないと思っている上司もじつに多い。それでも仕事に関わることで自分の考えを言うのならまだよかろう。仕事以外でもついクセがでて、上司の心証を悪くしたのではつまらないと思う。

上にも下にも言えることだが、だいたい否定語が多すぎる人に皆から好かれるタイプはいないと言ってよい。いちいち「そうはおっしゃいますが……」をくり返していると、そのうちに「じゃ、好きにしろ」と相手にされなくなるからホドホドにしたほうがよい。

こちらが言うことに否定的であったり、ケチをつけられたら誰だって面白くない。次のような態度をとっていないか、自分の胸に手を当てて考えてみる必要はないだろうか。

▼他人の感想をすぐに打ち消すタイプ

「どうだ、この店の料理はうまいだろ」という上司にむかい、「ですが、○○はもっとうまい」などと言ってはいけない。

たとえまずくても「さすがにお口が肥《こ》えてらっしゃる!」くらいに言っておけば丸くおさまるのだ。そう言えば雰囲気も明るくなり、不思議にまずいものでも美味しく感じるようになる。

▼気が進まないことは拒否するタイプ

ゴルフ場は人によって向き不向きがある。飛ばし屋は狭《せま》くてトリッキーなコースを極端に嫌う。ある取引先のお客さんが、上司のホームコースへ誘われたといって渋い顔をしていた。

「ひでぇコースでネ、いつもさんざんな目に遭うんだよ」とボヤくことしきり。私はその上司の人柄を知っていたからお客さんにこう言った。

「嬉しそうな顔してついて行ってはどうですか。そして楽しそうにやったほうがいいのとちがいますすか」

数日後に感想を尋ねてみた。すると、

「どうだい？　今日は楽しかったねえだってサ」

と肩をすくめて苦笑していた。しかし考え方を変えれば上司のほうは楽しかったようだし、だいいちにプライベートの遊びに誘いがかかるということは、それだけ目をかけてくれているのだと思えば、気持ちもウキウキしてくるものなのだ。せっかくの誘いを断ってばかりいると、しまいには相手のほうが声をかけてくれなくなる。

人もモノも大切にする人
人に甘えて無礼な人

小さな無礼行為にも
その人の本性が表れる

親しき仲にも礼儀ありという言葉があるが、打ちとけたウマの合う友人同士なら、ある程度は許される無礼があってもいいと思う。あとで「すまなかったな」のひと言で丸くおさまるような間柄であれば、まァ仲の良い友人といえるだろう。

しかし気安くなりすぎ、礼儀と無礼の境い目がわからなくなり、図々しい行為が相手から嫌がられるようになると、互いのあいだにはすきま風が吹きはじめる。社会人になったばかりの若い時分には、私自身にもそんな経験があったように思う。

些細《ささい》なことだが、わかりやすい事例に「チョイ借り」というのがある。貸す側からすれば「チョイ貸し」ということになろう。

「ちょっと貸してくれる」と言ってあとで返すならまだしも、他人のものを「ちょっと借りるよ」と言って持ち去ったり、持ち去られた経験は、ビジネスマンならほとんど経験しているのではなかろうか。机の上に置いてあった鉛筆や消しゴムが持ち去られ、そのまま返ってこなかった数がどれくらいあったか、とても数えきれるものではない。ヒラ社員のあいだ、このテの被害は加害よりずっと多かったと思っている。

そりゃ文房具は会社の支給とはいえ、いったんつかいはじめたものには妙に愛着もあるし、所有権みたいな気持ちもある。「おい、おれのエンピツ返せよ」という言い方は、使用権だけでなくて所有権も主張している。盗まれたとは思わないが、持っていかれたという気持ちは強いと思う。

これらのこと自体は重箱の隅をつつくような小さなことだ。しかし、チョイ借りの頻度が目立って多かったり、そのまま返却しないクセがあったりすれば、それだけで他人の目からは「人となり」を疑われないともかぎらないのだ。

だいたいチョイ借りとか寸借《すんしゃく》グセの人間には、ルーズな一面があるのはたしかだ。さらには公私混同癖、そして私利私欲にもめっぽうこだわるタイプであることも多い。

まだ入社したばかりのころ、地方の国立大学を出た男が、大東京のネオン街に目がくらみ、安月給では足りないため仲間から寸借をくり返し、ニッチもサッチもいかなくなって会社にいられなくなった。たいした額ではなくとも、いまだにその記憶が私のなかから消えていない。のちに、その男のすさんだ生活ぶりを風の噂で聞いたことも憶えている。チョットしたひとつのクセがその人の人柄まで映し出す。たとえ小さなことでも相手がイヤだと思う行為はやめたほうがよい。

カネにルーズな人は女にもだらしなくセコイ

「あいつにだけはカネを貸すな。どうしても貸すなら千円札一枚が限度だぜ」

私が若いころ、皆からそう言われていた男が同じ職場にいた。

なぜ一〇〇〇円が限度なのか、そのわけは、次にまた貸してくれとせがまれたとき、前に貸した一〇〇〇円をキチンと返しもしないでなにぬかすかと、きっぱり断る理由になるからだ。だいたいこのテの人間は、甘い顔を見せると次から次へとエスカレートしてせがむクセがある。だから最初の一〇〇〇円だけは捨てたものと考えれば、最小限の被害額ですむ。

しかしその男、たかが一〇〇〇円くらいと片っ端からたかっているうち、債権者が三〇人から五〇人へとふえていき、とうとう身動きできなくなって会社に姿を見せなくなった。世の中にはカネにルーズな人間はけっこういるが、たかが一〇〇〇円くらいのカネをたかり総スカンを食うなんて、詐欺師とも言えないやり口だ。

けっきょくはルーズなだけなのだ。どうせ一生を棒に振るなら、もっとドでかい騙《だま》しでもやるのかと思ったら、どうやらそこまで知恵がまわるほどのワルではなかったらしい。すぐバレるウソをついてたかり歩く厚顔無恥《こうがんむち》ぶりには呆《あき》れるばかりだが、彼が最後に犯した悪事と言えば、仕事につかうという名目で会社のカメラを持ち出し、それを質入れしておきながら会社へは紛失届を提出したことくらいなものだ。

ただ、それを罪とまでは言えないかもしれないが、彼は罪深いことはやっていた。相手はみんな若い女の子である。

「かわいそうに、ある意味では彼は被害者なのよ。田舎者の彼にスレた先輩が悪い遊びを教えたからいけないのよ」

「彼は本当は気が弱いんだから。それとバカみたいにお人好《よ》しなんだから」

彼のことをかばう女の子が何人かいたのには、正直言って首をひねった。女の心理はわかりにくいと思ったものだ。あとでわかったことであるが、彼を擁護《ようご》しようとした女の子たちは、ウソでかためた彼の甘い言葉に取り込まれていたフシがある。女の子の気持ちをくすぐる技量はなかなかのものがあったというのだ。

彼が辞めたあとでしきりに話題になったことがある。A子はあいつと寝たことがあるとか、B子があいつと揃って産婦人科病院へ入っていったことがあるとか、真実のほどはわからないが、男が辞めたあとしばらくたってA子が辞め、さらにB子も退職した。そうなってくると、

「やっぱり、そうだったんだ」

そう言われてしまうところにスキャンダルの怖い一面を見せられたように思う。

男が女関係でふた股をかける話はよくあることだ。しかし数年後に彼がC子という、B子と仲のよかった女の子と下町のアパートで同棲していると聞いたとき、やっぱり罪深いことをするヤツだという思いがした。

A、B、Cとそれぞれが会社を去り、その男をめぐって場外争奪戦があったというのだから、カネでは一〇〇〇円の寸借しかできなくても、女の子を落とすことにかけては、めっぽう高度な技術を持っていたのかもしれない。

軸はブレずに変われる人
芯がなく人にへつらう人

ちょっとした
嫌われグセが直せない

どんな人でも必ず大なり小なり、独特のクセを持っている。しかし他人に迷惑をかけたり、不快感を与えるクセでなければそれほど気にする必要はないだろう。

人格者として多くの人から慕われるような人でも特有のクセはある。ただ、そういう人のクセは他人から嫌がられるたぐいのものではない。人徳とか品格のある人とよばれる人は、相手の立場や気持ちを慮る力が、並の人にくらべて格段にすぐれている。だからこそ人の嫌がることもよくわかるのだろう。

「人のふり見て我がふり直せ」と言われるが、凡人にはそれが簡単ではない。だいたい自分の欠点や悪いクセそのものがよくつかめていない人のほうが多い。自分は悪くない、いけないのは相手のほうだと、ほとんどの人がそう決めてかかっている。

人から好かれる人間になれるか、それとも嫌われる人間で終わるか、それは考え方のチョットした差で決まるのだと思う。「あなたのそれがよくない」と言われ、「そうだったのか」と素直な気持ちになって考える人と、「自分は正しい。悪いのはそちらだ」と意地を張るかだけのちがいではなかろうか。

チョットでも考える力をはたらかせ、それで嫌われグセがひとつでもふたつでも減っていけば、周りからは「あの人は変わった」と見直されるようになるのだ。

よく「あいつもおとなになったものだ」などと、成長いちじるしい人間に対しての賞め言葉を聞くことがある。それなども本人に考える力がはたらくようになったからであり、性格そのものまでが変わったというわけではないと思う。

そうはいっても子供ではあるまいし、面と向かってズケズケと「きみのそこが悪い」などと言ってくれる人はなかなかいるまい。けっきょくは嫌われグセのある人を反面教師にしながら自分を改造していけるだけの「考える力」をみずからが養うしかない。いつまでも自分は悪くないとジコチュウの殻《から》に閉じこもっていると、年をとればとるほど周りから遠ざけられることになる。

自分を軌道修正できれば周りは確実に変わる

大企業でも強烈な個性とクセのある社長が多く見られる。攻撃型か、改革派か、それとも手堅く守る安定志向型かは、そのときの会社の事情によって選ばれる判断基準になるが、いずれにしても個性の強い人たちであるのはたしかだ。

製造業で年間売上高四五〇〇億円といえば、そこそこの大手である。私が知っている社長のKさんは攻撃型の人である。ちょうど業績不振の時期に就任しただけに、攻撃型は適任であったろう。

なにせ猛烈型の仕事の虫と言われた人であった。朝は本社工場の正門扉が開く前に誰よりも早く出勤する。いつも心臓のクスリをポケットに入れ、調子が悪くなると社長室の片隅にしつらえた簡易ベッドに横たわり、そこでも書類に目を通したり部下を呼びつけて指示をするのだから並の人ではない。その気迫からは、仕事の虫というよりは「鬼の仕事師」と言ってもよい形相が垣間《かいま》見られた。

率先垂範《そっせんすいはん》のKさんタイプの社長の下では、少なくとも会社のムードはピリッと引き締まる。役員以下の幹部もボヤボヤしているとカミナリの一撃を食らうことになる。

その結果、社員たちの顔が内向きになり、社長の顔色ばかりうかがう者がふえてきた。もちろんそれはKさんの望むところではない。生来が何事にもきちんとしたところが抜け落ちるのを嫌うタイプだ。だからムチだけをつかいすぎ、アメをつかわなかったことによる社内の暗いムードをいち早く察知したのだろう。やがてKさんのリーダーシップぶりが硬軟使い分けに変わり、メリハリのきいたわかりやすい指導方針によって明るさが増した。

Kさんは全国に四〇余りあった出先の支店長を上期と下期の年二回、個別に呼んでヒヤリングを欠かさなかった。硬のムチを振るだけではなく、軟のアメで個々の幹部と親しく対話したかったのだ。それを四日間でやるのだからかなりハードだ。一支店一時間のヒヤリングは、各支店長にとってもよほど要領よく説明しなければならない。

もともとKさん本人がクドクドと長い話を好まない。だから焦点のボケた説明でもしようものならすぐに質問の矢が飛んでくる。支店長のほうは話の腰を折られてオドオドするが、Kさんのようなタイプの上司には「あれも、これも」の説明は不要なのだ。「あれか、これか」どれかひとつでもツボをおさえ、絵になるような話をすればよいのだ。

もともとKさんがヒヤリングに力を入れたのは、各支店長に緊張感を与えるだけでなく、困ったことがあれば相談してくれと、温かい一面を押し出したかったからでもある。

なかには三〇分でヒヤリングを終わらせた支店長もいた。それはKさんが気に入りそうな話を、ここぞ！というときに切り出し、それで「よっしゃ、頼むぞ」となってその場が幕となったのである。一支店の月並みな話を長々と聞いていると腹が立ってくる、セッカチな人であったのだと思う。

Kさんの名誉のために言っておくと、彼は会社の業績をV字回復させた。その手腕が買われ、メガバンクの頭取に口説かれて一兆円企業の社長に転進したほどの人であった。

太鼓もちのワザはここぞ！のときに威力を発揮

元来、Kさんタイプの人とのコミュニケーションの運び方には、ひとつのリズムが必要だ。メリハリのない説明をものすごく嫌うからだ。たとえばこうする必要がある。

支店長はまず最初に反省すべき点があればそれを述べ、もし業績不振で本社の足を引っ張ったのなら素直に謝まることだ。

次にそれをどう挽回《ばんかい》していくかを明確に打ち出し、さらになにかひとつでも目新しいことに挑戦すると言えばきっと喜んでくれる。

「そんなことできるのか」と問われたなら、間違っても「やってみます」とは言わず、必ず「やります!」と答えなくてはいけない。やってみるだけなら誰でもできるではないかと思われてしまうからだ。

あるロベタな支店長が次のような手をつかい、Kさんを上機嫌にさせて無事にヒヤリングを乗り切った。

「今期中に大手の新規取引先として二社を攻略します。これは必ずやります」

支店長はそう言って取引先の社名まであげた。

「本当にできるのか。何か攻略する秘策でもあるのか?」

あまりにも自信たっぷりに言う支店長にKさんが尋ねた。

「とくに秘策はありません。ただ私以下、全支店一丸となってやるのみです」

言いながら支店長がカバンのなかから紫色の風呂敷《ふろしき》包みを取り出し、一枚の額縁《がくぶち》を正面のKさんに「これ見よ」とばかりかざした。

「全員、この精神を忘れず、必ず次回のヒヤリングには明るい報告をいたします」

額のなかの色紙には、筆太で四つの文字がはみ出さんばかりに躍《おど》っていた。『不撓不屈《ふとうふくつ》』

と。これにはさすがのKさんも苦笑いし、「よっしゃ!」とだけしか言わなかったらしい。そりゃそうだろう、不撓不屈の精神はKさんのみずからの信条であり、氏自身の社長室にもこの四文字の額が飾ってあるのだ。

ヒヤリングが終わったあとの昼休み、支店長は親しい役員のひとりに呼ばれた。ヒヤリングの席でニヤニヤしながら聞いていた人物である。きっと、あれはやりすぎだぞと叱られるだろう、そう覚悟して役員の部屋へ顔を出したところ、

「これ以上はないというくらい、見事なまでに幇間《ほうかん》ワザが決まったじゃないか」

「私はほかの連中のように説明上手ではありませんから、どうせ怒られるのならどんなテをつかっても一緒だろうと……」

「いやいや面白かったよ。社長にしたって、全国の支店長が元気いっぱい先頭を走ってくれる意気込みをたしかめたいだけなのだから、なにも気を揉《も》むことはないよ。社長本人もあとで笑っていたよ。ただし、いったん口に出した新規攻略の二社は必ず落とすんだぞ。社長は二社の社名までメモしていたぞ」

役員から支店長はそう励まされたのだ。

半年後にはふたたびヒヤリングがある。そのときに、「攻略してみたがダメでした」と不

渡手形になるようなヘマをする支店長でないのは言うまでもない。ほぼ攻略できる見通しがついたからこそ手形を切ったのである。

下心みえみえの卑屈なご機嫌取りは嫌われる

ふだんから実直で誠実な男とみられている支店長の、一世一代とも言うべき幇間ワザであったから笑ってすんだ。同じことをほかの人間がやったとしたら、そうはならなかったかもしれない。Kさん本人はともかく、そこに居並んでいた本社役員はじめ周囲の人間は、もしほかの人間がやったのであれば、なんと見えすいた芝居をするヤツだと顔をしかめたにちがいあるまい。

たしかに口ベタは割を食うことがないとは言えない。言いたいことの半分も言えない自分にもどかしさを覚えることもある。とくにビジネスマンにとっては、よほど仕事の上で実績を積み上げていかないと、口ベタによるマイナスイメージをカバーできなくなる人もいる。交渉力とか他との調整力が重要視される社会でもあるのだから、口ベタや口重がトクをすることなどめったにないのだ。

たいていどこの職場にも、根っからの太鼓持ち名人というのがいる。上司のご機嫌をとったり、ヨイショして持ち上げるのがうまい。おもねることも、へつらうことにもなんら恥らいも抵抗も感じていない、取り入るためならなんでもするというタイプの人間が、上下社会にはかなりいると考えてよい。ひっくるめて「ゴマスリ」と呼んでよかろう。ゴマを摺《す》らない人間のほうがむしろ少ないとみたほうがよい。

ゴマスリがすべてよくないとは思わない。摺るべきときにはおおいに摺らなくてはいけない。ただ相手の心証をよくしようと見え見えのゴマスリであったり、取り入るためなら手段は選ばないといったゴマは摺らないほうがよい。たとえば、相手の顔を立てるべきときは立てなくてはいけない。それをゴマスリだと言って妬《ねた》んだり、恨《うら》んだりするのはおかしいのではないか。

一般によく目につくゴマスリは、摺る人間の下心が見え見えであることが多い。そういう人は、周りから「それ、またはじまったぞ」とヒンシュクを買っているのに気づいていないフシさえある。周りの者が顔をしかめるようなみっともないゴマスリだけはやめたほうがよい。摺ってよいゴマ、摺らないほうがよいゴマを見分けることも、コミュニケーション力を養う上からは重要なことである。

人の強さと脆《もろ》さを知る人 脇が甘くて崩れる人

第一印象の直感は人物判断の重要ポイント

初対面で相手に与える印象はきわめて重要である。そのとき、相手の胸のなかにある鏡の映り具合によっては、あとのコミュニケーションがうまくいくかどうかのキメ手にもなることが多いからだ。

気むずかしそうで取っつきの悪い人なら、誰だって避けたい気持ちが強くなって当然だろう。逆に、気さくでおおらかそうな人であれば、肩の力が抜けて近寄りやすくなる。見るからに小賢《こざか》しそうな相手だと思えば、一定の距離をとりながら出方を探ろうとする。

人は百人百様それぞれに、外見、態度、モノの言い方、あらゆる点でクセと個性を持っている。だから相手から受ける第一印象で、その人の人柄や性格を自分なりに判断し、それを頭のなかに焼きつけるとも言われる。細かなところまでは見抜けないにしても、「よさそうな人」か、それとも「厄介そうな人物か」くらいの印象は誰もが抱くはずだ。

しかしそうは言っても、第一印象はアテにならないことも多い。なかには読みにくい人がいて、見方が外れることも珍しくない。相手の人が見かけとかけ離れていたり、いっぽうではまるで人物鑑定眼の劣る人もいるからだ。

見かけによらず実際には大変な実力を秘めているものの例えとして「能ある鷹は爪を隠す」という言い方がある。人間にもそれがぴったり当てはまるような人がたまにいる。本当はエライ人であるのに、人前ではそれをオクビにも出さない人などはまさにそうだ。

そういう見方からすると、人を外見だけでパッと判断したり、つき合いはじめてからまだ日が浅いうちに気を許したりしていると、やがてバケの皮が剝《は》がれて裏切られることがよくある。すぐに深入りするのは避け、脇《わき》を締《し》めてかかったほうがよいと思われるような人物が必ず何人かはいるものだ。

世の中にはガードの脆《もろ》い人がけっこう大勢いる。もともとが人を見る目がないのだからコロッと詐欺にかかったりしやすい。詐欺の手口もだんだん巧妙になるからウカウカとしていられないはずだ。しかし少なくとも初対面のときに閃《ひらめ》いた印象で、相手の腹づもりを七〜八割くらいは読み当てられるだけの人物判断力が欲しいものだ。

たった五分間で相手を見抜けとは言わないまでも、第一印象でオモテとウラを見間違えるようでは困ったサンだ。そりゃたまには摑《つか》みどころのない人間、なかなか本性を見せないのもいるから一概に言えない。

しかし直感で七〜八割くらいは読めないようでは鈍《にぶ》いほうのクチに数えられても仕方がない。ビジネスの世界でいつもライバルに出し抜かれ、連戦連敗をくり返してボンクラよばわりされる男がいるが、そのタイプで人物判断力の強い人間はまずいない。逆に有能なビジネスマンには、人を見る目の肥えた人が多いのも事実である。脇が堅いのと、己を知っているからこそ、他人のことも見えるのであろう。

こんな悪癖があると人生まで棒に振りかねない

それが犯罪行為とみなされる悪いクセは言わずもがな、犯罪でなくても人の嫌がる悪いクセで人格を疑われる人がけっこういる。いくら病的とは言え、ストーカーまがいやセクハラがやめられず、一生を棒に振った大先生の悪いクセは、つまるところは考える力が欠落していたのだろう。この話はふつうの人間には考えられない特別なクセとして横に置き、本題に移ろう。

世の中には「あいつはダメだ」というレッテルを貼られ、会社内はもちろん、周りからも突き離され、けっきょくは、はじかれ者として誰からも信頼されなくなる人がいる。顕著な例に酒乱グセがある。こればかりは性別を問わずある。このテの人はたいていが、いつか必ず大きなものを失うことになるものだ。

せっかくの輝かしい高学歴や会社での実績評価までご破算にしてしまった人間を何人も見てきた。酒グセが悪いのも若いうちなら笑ってすまされもしようが、分別《ふんべつ》をわきまえるべき年代を過ぎてもやめられないとなれば、もうその人間はそこで終わる。

酒グセはある種の難病みたいに治らないという人がいるが、私は必ずしもそうは思わない。治らないのではなく、本人に治そうという決心がないだけである。酔いつぶれるまで飲まなければよいだけの話だ。それがどれだけはたの人に迷惑かを考えられる時点で切り上げる。あるいはきちんと自分を保てなくなる前に切り上げればいい。自分の限界を自覚し、乱れそうになる一歩手前でみずからにブレーキをかければよいのだ。

要は本人に〝考える力があるかないかのちがい〟だけだ。勉強のよくデキる人でもソーシャルスキルの劣る人がいる。私の大学時代の恩師にも酒乱の先生がいて手を焼いたけれど、さいごは学生からもバカにされるようになった。一杯つき合わされたら大変な目に遭うから賢明な学生は距離をおいたものだ。

以前、ある大手のブレーキ部品専門メーカーの社長がわざわざ私のところへ来られたことがある。業界人のなかでいちばんお会いしてみたいのはこの人だ、というくらい活字を通して畏敬《いけい》の念を抱いていた方である。年間売上高が一五〇〇億円という大手の社長が、たいした取引先でもないディーラーを訪問されるのは異例と言ってよい。しかもその社長は実業家であると同時に文化人としても名が知られ、大新聞のコラムを長期にわたって書かれた人でもある。来社されたときもサイン入りの自著をいただいた。

その社長が、某自動車メーカーの購買担当役員の酒グセの悪さを嘆《なげ》かわしく語られた。

「サプライヤーの分際《ぶんざい》でお客様の悪口を言ってはいけないことだと承知の上ですが……」

社長はそう前置きしたあと、こう付け足した。

「酒は人と人とがコミュニケーションを取り交わす上からも特効薬と言えます。健康上からは百薬の長とも言われます。しかし、飲む人によっては毒薬にもなります。あの重役は自動車に造詣《ぞうけい》が深く、国際感覚にも秀《すぐ》れ、よく仕事のデキる人だけに残念ですねえ。彼から酒さえなくなれば前途洋々なんですがねえ」

なにがあったかは知らないが、それから一年もたたないうち、その購買担当役員がクビになったのを新聞の経済面人事欄で知った。

たかが酒グセくらいのことで——などと甘く考えてはいけない。あるいは自社の上役のゲキリンにふれたのかもしれない。

ほかに酒乱とは同じ尺度ではかりにくい悪いクセをあげていけばキリがない。そのなかからとくに最悪と思われるものを次に書き出しておこう。少なくともこのうちのどれかひとつでもひっかかる人は、周りから信用されていない人だ。

▼平気な顔でウソをつく人。

▼相手との約束を守らない人。

▼自己防衛の言い訳が先行する人。

▼たとえ一〇円でも、小さな恩義でも、借りを返そうという気持ちのない人。

これらをまとめて考えていけば、つまるところは「ルーズで、そのくせ自己中心」のタイプということになる。

さて、あなたはどちら？

✤イマイチの人は相手の非をとりあげ一方的に嫌うが、**きちんと生きてる人**は、その人のどこがイケナイかをしっかり見極めて対応するので、深く嫌わずにすむし、嫌われない。

✤イマイチの人は「相手のほうから近づいて来い」と望むが、**きちんと生きてる人**は、「こちらから歩み寄る」ので、敵も味方に引き込める。

✤イマイチの人は「相手が謝る」のを待つので問題がこじれるが、**きちんと生きてる人**は、「自分の非も認め、自ら謝る」ので、相手も心を開いてくれる。

✤イマイチの人は友達に気安くなりすぎて礼を失し、大切な友を失うが、**きちんと生きてる人**は、「親しき仲にも礼儀あり」なので、良好な関係を長く続けられる。

✤イマイチの人は友達の寛大な心に慣れ、気づかぬうちに傷つけてしまうこともあるが、**きちんと生きてる人**は、いつも大切に思うため、傷つけぬよう心をくばる。

✤イマイチの人は友達のことを「わかったつもり」で誤解することがあるが、**きちんと生きてる人**は、友達が「いま置かれている立場」を考慮してつき合うので、わかり合える。

✤イマイチの人は自分の立場や場の状況をわきまえずに調子にのって相手を不快にさせるが、

きちんと生きてる人は、相手の立場と場を、けっしておろそかに考えない。

❖イマイチの人は「でも…」と〝とりあえず否定〟から入って相手の心証を害するが、**きちんと生きてる人**は、「そうなんだよね…」と〝とりあえず肯定〟から入るので、相手は安心し、信頼する。

❖イマイチの人は「貸し借り」にルーズで愛想を尽かされるが、**きちんと生きてる人**は、とくに借りたものは礼を尽くして返すので、相手は信用する。

❖イマイチの人は人の親切に慣れ「ごっつぁんグセ」がついたりするが、**きちんと生きてる人**は、人の思いやりに敏感なので、どんなに親しくても「ありがとう」を忘れない。

❖イマイチの人は自分の弱さを補塡《ほてん》するために「女(異性)を密かに手なずける」が、**きちんと生きてる人**は、自分の弱さも「女は身を崩す素」であることも知っているから厳しく自戒する。もし女に手を出すときは、きちんと責任をとる覚悟がある。

❖イマイチの人は「人のフリ見てわがフリを直せない」が、**きちんと生きてる人**は、意地を張らず、悪いものは悪いと認め、自分を修正できる。

❖イマイチの人は「太鼓もち」はズルイと嫌うが、**きちんと生きてる人**は、ときにそれをやってみせる。それが相手の心に添うことだからだ。

❖イマイチの人はイエスマンになってゴマをするが、**きちんと生きてる人**は、「いいものはいい」という筋の通ったイエスマンなので、相手に信頼される。

❖イマイチの人は難しい課題を出され「やってみます」とアイマイに応えるが、**きちんと生きてる人**は、「やります！」と応え、自分を厳しく追いこめる。

❖イマイチの人は人を見る目が甘いのでだまされやすいが、**きちんと生きてる人**は、人間の弱さも、自分の弱さも知っているから、人を見る目が厳しく、ガードも堅い。

❖イマイチの人は弱い自分を解放するために酒を飲み、人に絡むが、**きちんと生きてる人**は、酒で自分を開放し、明日の「新たな自分」への活力とする。

❖イマイチの人は相手が嫌がるとも考えずに何でも知りたがるが、**きちんと生きてる人**は、聞いてはいけないことは聞かないし、自分が聞いてほしくないことは聞かない。とくに、「学歴」「支持政党」「実家と出身地」「お金とフトコロ具合」「顔、風貌、スタイル」「家庭内の話」「出世と人事」「個人の生活スタイル」などは要注意。

❖イマイチの人は〝自分のメンツ〟にこだわるから独善的になるが、**きちんと生きてる人**は、〝プライド〟にかけるから禁欲的ですらあり、自分に磨きがかかる。

きちんと育てられた人は人とうまくやれる

●自立した人は、やっぱり強い！

子供を自立させられる親 自由と放任をはき違えた親

子供の歪んだ芽は親の手で摘む

近ごろ目立つ世相のひとつに、小学校新入児童のなかに落ち着きのない子がふえているというのがある。それをたんに情緒不安定というだけで片づけてよいものかどうか、ちょっと問題が残る。

なにしろ自分の席に一〇分と座っていられないというのだ。始業ベルが鳴ってしばらくすると尻のあたりがムズ痒《がゆ》くなる。こらえきれずに腰を浮かす。と、あとはもう手に負えない。教室の内外をかまわず騒いで走り回るくらいはお茶の子なのだ。

それに手を焼く教師が声を嗄《か》らして叱っても、馬の耳に念仏である。なかには教師にむかって「文句があるのか」とばかり飛びつく子がいたり、手の甲をイヤというほど力まかせにつねられる女の先生もいるというからタチが悪い。

そういう子供は、なぜ学校へ行かなくてはいけないのか、といった認識が足りないようだ。だから先生の話が押しつけがましく聞こえて面白くないのだろう。幼児なら自分の意のままにならないときは、相手かまわずとびかかったり大声でわめき散らし、手当たりしだいにモノを投げつけたりすることがある。

すねる子もいるし、ぐずる子もいる。しかしまあ、それも本能のおもむくままに育っている幼少期ならある程度は致し方なかろう。だが、そのようなジコチュウが許されるのは、せいぜい三歳くらいまでだろう。

「教えるべきことを教えていない親がじつに多い。ピカピカのランドセルと文房具一式を買い与えたら、それで親としての責任は果たすことができた。あとのことは学校に任せようというフシさえうかがえる親がいるのだから、現場をあずかるほうはかないません」

そう言ったのは、さる知り合いのベテラン教師である。

本能のおもむくままに育ち、好奇心の湧くがままに動き回るというのなら、たしかにそれは動物とたいして変わらない。いや、それ以下かもしれない。犬や猫だって躾《しつけ》さえしっかりやればルールを守るし、飼い主とのコミュニケーションをなんとかして交わそうと、しきりに人間の気持ちを読み取ろうとしているのが仕草からもわかる。

だいたい、小学生になってからもわがままが通るとか、気に入らないものをイヤだと言って幼児のころのようになだめられたり、あやしてもらえるものと考えていること自体が、精神面ではかなり発達の遅れた児童だと言えよう。

そのような幼児性をひきずったままで集団のなかへ入っていけばどうなるか。ルールも秩序もあったものではない。気に入らないと仲間を口ぎたなくののしったり、ときには暴力をふるったりする。こらえる、我慢する、受け入れる、といった訓練がまるでなされていないのだから、周りのみんなから疎《うと》んじられるのは当然である。

「仲間とのコミュニケーションがうまく取れない問題児は、ヘタをすると学級崩壊の元凶になるんです。たんなる悪ガキとはワケがちがうんです」

ベテランの教師は、さも問題児が厄介な重病人であるかのような言い方をしていた。

しかし、今やこれは小学校の問題だけではすまない。そのまま成長してきたような人間が社会にではじめている。自分以外はどうだって知ったことか、といった考えの若年層がふえはじめた世相を嘆く声が聞こえるようになった。それが学級崩壊のように社会秩序の崩壊につながらないか、それが心配になってくる。

丸く温かい家庭は子供の人間関係に反映する

働きざかりの人たちにとって、現代ほど多忙な時代はかつてなかったろう。とくに若い共稼ぎ夫婦は忙しい。たいていの夫婦が時間に追いまくられ、どちらかと言えば家事のほうはおろそかになってしまう傾向がみられるという。そりゃある程度はそうなっても致し方なかろう。

しかし、なにがどうあろうと、絶対におろそかにできないことのひとつに、育児問題がある。こればかりはいい加減なところで手を抜くというわけにはいかない。

先ごろそこの近くに用事があり、休日でもあったことから、私は遠縁に当たる若い夫婦の家庭を覗いてみることにした。その共稼ぎ夫婦のあいだには、五歳の男の子と三歳の妹がおり、子育て期としてはもっとも難関な時期ではないかと想像できる。

「仕事と子育ての両立は、はたの者が見ている何倍も骨が折れるんだろうね」

月並みなねぎらいの言葉をかけた私に、意外にもふたりはケロッとした顔で答えた。

「案外そうでもありません。正直言えば、最初のころは大変でしたが、慣れてしまえばどうってことないですよ」

　なんとなく気楽そうに聞こえるが、そこまで言えるのにはそれなりの努力をしなければ無理だろう。

「それぞれの会社の仕事、夫婦の関係、それに親子の関係と、これら三つのことはすべて大事ですが、夫婦の役割り分担と責任をしっかり守ってやれば、ちゃんとうまく回っていくものです。たまには出張とか病気といった突発事項もありますから、やっぱり互いに助け合い、支え合っていく気持ちがなければガチャガチャになると思います」

「そうだろうなァ。いやァ、さすがにしっかりやってるなァ……」

　この夫婦なら子供を問題児に育てる心配もないだろうと、私は隣の椅子にチョコンと座っている坊やの頭を思わず撫《な》でたものだ。というのも、この家のテーブルが円卓であり、しかもあまり大きくないからすぐ隣の席に手が届いたこともある。もうひとつ、若い妻君の言い分にすっかり感心させられたことがあった。

「丸いテーブルって、狭いマンションの場所を効率的につかえますでしょ。なにより、家族が丸く円になって腰を下ろすほうが、和《なご》むような気持ちになれるんです。四人がひとりずつ四角形の一辺に座ると、なんとなく角張った雰囲気になりません？　せめてみんなで一緒にいられる時間だけでも、ゆっくり和やかに過ごしたいと思って……。

お鍋ものをつつくんでも、円卓のほうが心も体も温まるような気分になれます。それにテーブルにカドがないぶんだけ、この子たちが頭をぶつけても安心でしょ」

彼女はそう言ってコトコト笑った。

なるほど、これこそ本当の一家団欒《だんらん》というべきなんだろうと思った。なかなかデキる嫁だとは聞いていたが、今風の良妻賢母と感心した。

コミュニケーションの取り方を身につけさせるにしても、四角より円形テーブルで教えたほうが強く心に響くかもしれない。さらに小さめの円卓であれば、真ん中に置かれたご馳走はどちらかでも等間隔ですぐ手が届く。そのほうがより楽しく、和やかな雰囲気で食事の時間を持てそうな気がしてくる。

家庭の味が心の豊かな子を育てる

家族のみんなが輪になって和やかな時間のなかで過ごす食事が、どれだけ全員の心を癒やしてくれるか、そんな満たされた気分を味わったことのない子がたくさんいる。学校の給食当番がまだ全員に配り終わっていないうちから、周りをはばかることもなく自分だけ先にさっさと箸《はし》を握ろうとするような子の家庭は、およそ一家団欒なんて無縁の生活習慣がしみついているにちがいあるまい。

「そこらにある物を食べたいときに勝手に食べな。足りなきゃコンビニでもどこでもいいから、好きな物を買って食べて。いちいちかまってる暇なんかないんだよ」

両親の仕事の内容によってはそう言いたくなる事情もわからないではない。しかし、なかには真っ昼間から自分はエステに行くゆとりがあっても、晩ごはんを家じゅうで輪になりながら、夫婦間、親子間のコミュニケーションの場にしようと考えない母親がいる。

夫の帰りが約束の時間におくれたといって子供に当たりちらす。夫は夫で家に駆け込むなりカバンを放り投げ、靴も脱がずに玄関から大声を出す。

「さあ行くぞ。腹がへった」

アタフタとみんなでクルマに乗り込み、ファミリーレストランへそのまま一直線という家庭が目立つ世相である。

それがいけないとは言わない。たしかに外食は支度も後始末もしなくてすむから手軽だろう。しかし専門家のあいだからは、家庭料理は栄養バランスだけでなく、子供の心の成長にもおおいに関わりがあるという声も聞こえてくる。ママの台所に立つ姿が、子供の育ち方にも影響を与えるという話には、なるほどそうか、とうなずけるものがありそうだ。

もちろんそれは味付けがうまいとか、まずいとかの問題ではない。家族に愛情のこもったものをつくってあげたいと思う気持ちがあるか、それともわずらわしいから出来合いで間に合わせようと考えるかのちがいである。

近ごろは母親の味を知らないまま大人になり、代々その家に伝わっていた味が途絶《とだ》えてしまう家庭がふえている。おふくろの味なんかより、たとえ冷凍品を温めただけのものでもハンバーガーのほうが美味しいという人の数が圧倒的な時代なのだ。

なにしろ、この五〇年のあいだに、日本ほど食文化が様変わりした国は世界のどこにもないと言われているくらいだ。べつにそれに不満があるわけではない。だいいち個人の嗜《し》好《こう》の問題をとやかく言ってもはじまらない。しかし、

「たいしたご馳走はなかったけれど、家じゅうみんなで話をはずませながら食べた食事は楽しかったよなァ。好きなものも嫌いなものも分け隔《へだ》てなく一緒に食べ、きのうの残りものまで平等に分け合ったものだ。だから家庭の味はからだの芯《しん》にまでしみ込み、血に混じって流れているのかなァ……」

今の子供たちが大きくなったとき、かすかな記憶でもいいから、そういう感慨にひたれる子がどれくらいいるのだろうか。わがまま放題に振る舞い、給食時間にルールもマナーも守れないようではどうしようもない。

食べる、遊ぶ、寝る、というのは子供本来の自然の活動である。そうだからといって好き放題にさせておけばよいというものではないと思う。

親とふれあってこそ安眠できてスクスク育つ

小さな子が眠くなったら寝る、というのは本能のおもむくままの行為である。しかしそれだって親のコントロールがあって然るべきだと思う。

最近はふつうの子であればとっくに寝ている時間でも、コンビニの入り口付近でうろついたり、駅の階段を何人かで横並びに腰かけて占領し、ふざけ合ったりしている姿をよく見かける。そういう子はほとんどが悪の道へ第一歩を踏み出しているものとみても、まず間違いはないだろう。

彼ら（彼女たち）は学校のなかでも、九割以上の子とコミュニケーションがうまく取れていない嫌われ者になっていることが多い。ここまでになると親も学校も、その子の歪んだ芽をまっすぐに矯正するのは簡単ではない。まァここではそういう夜行性の問題児は例外としておこう。

いずれにしろ今の時代、ふつうの子でも夜型人間のほうが多くなっているのはまぎれもない。親のほうがクタクタになって欠伸《あくび》を連発していても、子供は目をパッと開いてとび跳ねたりしているありさまだ。

しかし夫婦間、親子間のコミュニケーションが「ゴハン」「オフロ」「ネンネ」と、たったの「三言《みこと》家族」ではうまくいくわけがない。子供にとっては、いちばん楽しい時間が家族が顔を合わせるこのひとときかもしれない。

先に書いた親戚の嫁の自慢話みたいになるが、彼女もこの時間を子供とのコミュニケーションを取る上でいちばん気にかけているように見受けられた。一例として、子供用二段ベッドの脇に整然と積まれた、たくさんの名作童話や児童文学書が私の目にとまった。彼女自身が児童文学愛好家なのかを尋ねてみた。

「私はとくべつ児童文学に造詣《ぞうけい》が深いわけではありません。子供たちに見せたり読んで聞かせたりするのに、買ってあるだけなんです。寝かしつけるのには本を読んであげるのがテキメンの安眠剤になると聞かされましたから。でも、先に睡魔に襲われるのが私のほうだったりして、ときたま子供にホッペをつねられることがあるんです」

彼女は笑いながらそう話した。

考えるまでもないが、児童生徒たちの国語力低下が現在の教育現場で問題となっている理由のひとつに、現代っ子が全般的に本を読まなくなっていることがあげられる。本よりもケータイ、あるいはインターネットに夢中になる子のほうが多いのだ。

ここではっきり言えることは、幼少時代に本の面白さを知り、読書グセを覚えた子のほうが、そうでない子よりも豊かな感性の持ち主であることだ。その見方からも、この若い母は仕事と子育てというふたつの困難なハードルを、無理のないよう自分のリズムで生活のなかに取り入れ、うまく乗り越えていると読み取れた。

そう言えば私にも、遠い日の記憶がかすかに残っている。まだ小さかった私を寝かしつけるため、母はよく民話風の昔話をしてくれたものだ。ネタ切れになると以前にも聞いたことがあるストーリーを蒸し返したり、あるときはあまり上手とは言えない子守歌でお茶を濁されたりしたこともあった。しかし、それでも私にとっては心地よい眠りへの誘いであったことはたしかであった。

子供をきちんと叱れる親 子供をダメにする親

「叱る」と「怒る」を取り違えるな

本章で私は子供の育て方について書こうとしているのではない。だいいちに、その道に精通していない。いや門外漢《もんがいかん》と言ってよかろう。

だが、岡目八目《おかめはちもく》という言葉もある。はたから見ると、子供の叱り方を知らない人がかなりいるように思えて仕方がないのだ。子供が将来どのような人間に成長していくかは、その子の幼少時代の環境差、とくに親との関わり方によってかなり左右されるのではないかという点を抜きにしては考えにくい。

わけても叱り方は気をつけなくてはならない。これを間違えると、せっかくのびのび育っていた子がヘンにねじれた人間になってしまうことがある。ちょっとした親のひと言が、その子の胸に突き刺さったトゲとなって取れなくなることだってあると思う。

会社でも部下の叱り方がヘタな上司はいくらでもいるが、家庭となるとそれ以上の比率で子供の叱り方を間違えている親が多い。

たいていの親がすぐにカッとなって怒りだす。口荒く叱りとばし、あるいは怒鳴りちらす。それを「叱る」とは言わない。「怒る」と言うのだ。血が頭に逆流するくらい親自身が怒りに燃えたぎって冷静さを失っている。

それに対し「叱る」という言い方には「わからせるように言い聞かせる」という意味がこめられている。「教えて諭《さと》す」気持ちがなければ叱ったことにはならない。

怒ることはキレることであり、爆発である。すると怒られたほうの子は反発するか、もしくは萎縮《いしゅく》するかのどちらかであり、のちにまでイヤなしこりが残る。

いっぽう、叱るときの口調はおだやかでも、それを受け止めるほうは胸にジーンとこたえ、素直な気持ちになって自分の非を認めることになる。親の重みのある話が心にしみわたり、言い訳しないで素直に謝まれる子になればしめたものだ。

人の心には必ず二面性がある。オモテのA面はポジティブで前向きな明るい面である。叱られた意味を重く受け止め、自分の間違った考えを反省するのも、いい子になって親を安心させようと考えるのも、それらはすべてポジティブなA面の心がはたらくからである。すなわち素直な心である。

反対にウラのB面はネガティブである。何事も暗くとらえようとし、うしろ向きの考えにとらわれるクセの強い性格である。叱られるとすぐ反抗心がわくのは、B面の気持ちの表れである。

そう考えれば、叱るほうもA面を前面に押し出した叱り方をしなければならない。子供が反省してくれるよう、言って聞かせることが大事なのだ。叱るほうがB面の気持ちをむき出しにし、頭ごなしに、こらしめるだけの叱り方ではほとんど反発し、B面の対応になってしまう。B面対B面では衝突が生まれる。やっぱりA面対A面で話し合わないと、丸くおさまらないものなのだ。

「ダメ」と叱るから同じ過ちをくり返す

仕事と家事、さらには育児と追われてくると、ふつうの人ならストレスがたまるのも無理はない。イライラが募り、つい誰かにそれをぶつけたくなることもあろう。

しかし、ストレスのはけ口を子供に向けるのだけは絶対にやめるべきだ。精神的圧迫からくる苦痛を、子供にだけはおくびにもだしてはいけない。見ていないようで、じつは物心のついた子供は、ちゃんと親の心理を読み取ろうとしているものなのだ。

それだけに、叱り方にも細心の注意が必要だ。叱り方はその人の性格が丸出しになるケースが多いが、性格とはおよそ似合わない、いつもの悪いクセがとび出してしまうケースも多い。つまり口グセになってしまっている叱り言葉というやつだ。

「なにやってるの、ダメじゃないの！」

「なんで親の言うことがきけないの！」

「いったい何度言えばわかるの！」

「この子ったら、本当にバカなんだから！」

こういう叱り方は百害があっても一の利もない叱り方と言ってよい。

「ダメだダメだ」と口酸っぱく言われても、子供はなぜダメなのか、どうすりゃいいのかがわからない。その説明を聞き、それをのみ込むまでは、同じような過《あやま》ちをおかすのは当然だ。せっかく待望の子を授かっても、その子がスクスク育たないのはだいたい親のほうが悪い。

頭ごなしに、いつもの悪い口グセで抑えつけることとは、子供の人格そのものまで否定しているようなものだ。ぼつぼつ自我が芽生えはじめただいじな時期に、ウムを言わせないような暴力的な言い方は、必ずその子の心に大きな傷跡を残すだろう。

たまにはビシッと叱ることも必要だろう。しかしその場合でも、子供に自分の非をわからせる言葉は、絶対にきちんと言わなくてはいけないと思う。

メリハリがないと言えば、そのときの気分で日替わりメニューのように、コロコロ変わる叱り方をする人がいる。子供のほうが理解に苦しみ、

「だってこのあいだは、同じことやってもなんにも言わなかったじゃないか」

そう突っかかりたくなるような叱り方だ。

「ここでそんなことして、いいとでも思ってるの！」

「そんなこともわからないような子は、うちの子じゃない！」

「女の子のすることじゃないでしょ！」

「ほんとにバカね。もう知らないから！」

など、家庭のなかでなら許されることでも外でやってはいけないこと、男の子ならかまわなくても女の子はなぜいけないのか、といった判断能力を身につけさせもせず、ただや

みくもにダメだ、バカな子だと叱る親のほうがどうかしている。

だいたい子供の躾や教育というものは、ただ叱るだけが能ではない。人は叱られるより賞められるほうが抵抗なく矯正を受け入れやすい。そのことを世の親も、そして会社の上司ももっと知るべきだと思う。子供でも大人でも、人は自分以外の人から認められることがなによりも嬉しいことなのである。

母親に甘やかされた子は父親を超えられない

一般的にガミガミ怒ってばかりいるのは母親のほうであり、父親はどちらかと言えば子に甘いという見方がされている。はたしてそれは当たっているだろうか。私はその見方にずっと疑問を持ち続けている。

たしかに女の子のなかには内心「うるさいことを言わない父親のほうが好き」と思っている子は多い。しかしそれは異性である父親に対する娘のエレクトラ・コンプレックスとよばれる、愛情のこもった一種の親近感がもたらす感情からきているのだと思う。

そのためか、娘には甘くて優しい父親が多い。目尻を下げっぱなしで接する傾向がうかがえる。しかし、それによって家のなかのムードが和やかになり、波風が立たないのであれば、誰からも文句を言われる筋合いではないだろう。

なによりもいけないのは、男の子が父親とのあいだになんとなく距離をおこうとすることだ。遠ざけようとしている子さえいるくらいだ。その原因をつくっているのが誰あろう、母親であることに気づいていない人が多い。

どういう母親かと言えば、男の子を甘やかすタイプだ。子供は子供で、まさか小学生にもなって母親のオッパイの匂いにノスタルジーを抱いているわけではなかろうが、なんとなく同性の父親とは目が合わないよう避けている。そのくせ母親にはまとわりつく。専門用語で言うエディプス・コンプレックスである。

こういうタイプの母子がふたりきりになったとき、ひょっとして、次のような会話を交わしていないか疑いたくなる。

「お父さんったら、うだつが上がらないくせに、家ではエラそうなことばかり言って！」

「いっしょに入社した××さんは部長で、お父さんはまだ課長代理なんでしょ」

「そうよ。いいですか、あなたはお父さんを絶対に見習ってはダメですよ。ああなったら、男って本当にみじめなんだから……」

これは話をわかりやすくするための私の想像であり、実際にこうまで夫のふがいなさをこき下ろす妻がザラにいるとは思わない。しかし母から父の悪口を聞かされ、わが意を得たりとそれに同調する男の子は、やはりエディプス・コンプレックスだと言っても間違いではないだろう。

このテのタイプの子はたいていがひねくれ人間か、ひ弱な人間になっている。いつもオドオドしてハラが座っていないうえに骨細だ。どんな有名大学を出ていても、このテの部下を持たされた管理職は、厄介なお荷物をかかえたことになる。間違っても父親を超えるだけの骨太人間になれるとは、私には思えないのである。

骨細でも決められた仕事をルールどおりに仕上げる能力は持っている。真面目にボソボソやるから安心感もある。ただ彼らには大切なものが欠けている。積極性と挑戦意欲だ。それらが欠落した人は、やがて「余った人」とみなされないか、それが私は気にかかる。

父親の影が見えない頭でっかちの骨細人間

つい数か月前のことだ。うっかりやってしまった過ちを、被害者にどう謝ればよいのか、それすらできない大学生に出会ったときには、呆れてモノも言えなかった。

久しぶりに訪ねてくる友人を迎えるため、私は地元のJR駅前近くでクルマを道路の端に寄せて待っていた。まもなくひとりの若者が、私のクルマのすぐ脇の歩道上にバイクで乗りつけた。

若者がバイクに施錠《せじょう》をし、あわただしく立ち去ろうとした、その瞬間であった。歩道上の足場が悪かったか、バイクがもたれかかるように倒れ、私のクルマの助手席側ドアにアワビの貝殻ほどのヘコミをこしらえてしまった。

ところが、とび出していった私に若者は頭を下げるでもなければ、スミマセンのひと言も言わないのだ。

「きみは話ができないのか」

カッとなって私はそう言ってしまった。驚くまいことか、私のこの問いかけにも彼はなにも答えなかったのだ。レスポンスがまったくないのをどう理解すればよいのか、「君は私の言ってることがわからないのか」と尋ねる寸前で言葉をのみ込んだ。

それを私が言わなかったのは、若者がいきなり携帯電話を取り出し、気ぜわしげに誰かに事の一部始終を告げはじめたからだ。

なんだ、私の話がわかっているのならなにも無視することはないだろうに……と、カッカと頭に血がのぼっている私に、若者がはじめて短く発したのが次のひと言だった。

「ぼくの母です」

話をしてくれないかといった素ぶりでケータイを差し出してきた。電話のむこうで母親が平身低頭しながらしゃべっている様子が、彼女の口ぶりからも伝わってきた。

「すみませんが息子は時間がなくて急いでいるんです。代わりに私が今すぐそちらにうかがいますので、申し訳ありませんが息子をそのまま行かせてやっていただけないでしょうか。なんとか許してやってください」

どうせまともに話し合えるような相手ではないのだから解放するのはかまわない。しかし、ペコンと頭を下げただけで立ち去ろうとする相手の後ろ姿を、黙って見送るほど私は太っ腹ではないからつい説教をした。

「おい、こういうときは自分の住所と氏名、それに家の電話番号ぐらいは置いていくのが常識ではないのかネ」

やがて現れた母親とのあいだでクルマの修理費補償の話はすぐにケリがついた。百パーセント息子のほうが悪いと謝ったのはよいとして、なぜこのように話の早い母親のもとで頼りない息子が育ったのだろうかと不思議ですらあった。しかし、脇で見ていた私の友人はあとでこう言った。

「ぼくにはわかるなぁ、この母親にしてこの子あり……って、そう思ったよ」

つまり、母親があまりにも甘やかしてかまいすぎ、息子のほうも骨のズイまでエディプス・コンプレックスがしみ込んでしまっているのだという見方だ。母なしでは独り立ちできないくらい自我意識の弱いお母さん子だと友人は言うのだ。

反対に母親からしてみれば、なんでも従順に言うことを聞いてくれるだけでなく、自分を頼りにしてくれている素直な子だと思い込んでいるとも受けとれる。というのも、母親が息子のことをデキのよい子と誇りに思っているのではなかろうか、とさえ考えられるようなことをしゃべったからだ。

息子が超・難関大学の四年に在学中であること。きょうが入社を志望する本命の会社の訪問日で、人事課長との約束時間に遅れそうになったこと。そして志望する会社がこれまた超・有名企業であることなどを、彼女のほうから勝手にしゃべりはじめたのだ。

はたしてその家に父親はいるのだろうかと、ふと疑いたくなったものだ。

人生のモノサシを与えられる親
その場しのぎで子を迷走させる親

子供の意志を尊重したいなら
その是と非を教えてやる

ふだんの生活のなかで、なにげなくポロッと言ってしまう常用語にもかなりキツイのがある。たとえば片時《かたとき》も目がはなせないイタズラっ子の母親などはこんなことを言う。

「それ見たことか、またやった」

このたぐいの口グセをクセだと認識している人は少ないだろうが、毎回同じことを言っても効果はほとんどないものと考えたほうがよかろう。子供にはじっくりとわかりやすく、諭《さと》すように言って聞かせるほうがはるかに効き目がある。

「イヤになっちゃう」「だから言ったでしょ」「好きにしたら?」「自分でやれば?」「いいから放っといてよ」これらは夫婦間、親子間、友だち同士などではしばしばとび出してくる言葉ではないかと思われる。知らず知らずのうちにオハコの口グセになっているかもしれないのだ。

口グセも悪意をこめて言わなければかまわないではないかとも思う。しかし日本語というのはボキャブラリー（語彙《ごい》）が英語の約三倍もあると言われるだけあってむずかしい。言うほうに悪意はなくても、聞かされるほうが心を傷つけられたりすることもあるだけに、誤解を生みやすい口グセには気をつけたほうがよい。

先ごろ、甲乙つけがたい二校の私立高校に合格した女の子と両親とのあいだに、ちょっとした心の溝ができて困ったという家庭の話を耳にした。甲乙がつけにくいだけに本人の気持ちは揺らぎ、自分ではなかなか決められなかったのだろう。

いっぽう両親はといえば、甲乙のどちらへ入っても大差はないと考え、あとは本人の意志を尊重することがもっとも大切だろうと夫婦で話し合った。だから「あとは自分で好きにしたら？」と、軽い気持ちからそう言ったらしいのだ。

ところが娘はそうとは受け取らなかった。ただでさえ感じやすい年ごろであるうえ、本人にとっては人生のなかでも高校入学は重大転機のひとつだと考えたとしてもおかしくない。大学ほどではないにしても、日本では「どこの高校を出たか」も、ずっと一生ついてまわる。まだ中学三年の子に「好きにせよ」というには無理があろう。

「どちらも有名一流校ではないし、子供の進学なんかどうせ、たいした問題ではないとしか考えていないのだろう」

子の立場からはそう感じられたのだろう。たいていの子が成績、初恋、親子関係という三つの悩みを一緒にかかえると言われる年ごろなのだ。

会社でもよく、上司が部下にこんなことを平気で言ったりしている。

「きみが好きなようにやればいいよ」

これじゃ部下によってはムッとなる。どうせたいした仕事ではないのだから好きにしろ、そうとも聞き取れるからだ。上司は任せたぞ、という気持ちを伝える必要がある。

円満な関係や絆は互いの努力で築かれる

夫婦親子は一心同体だなどとも言うが、しょせんは言葉の上のキレイごとにすぎない。家族といえどもみんな別人である。「個」であるかぎり、それぞれのあいだには必ず境界線ともよべるものが存在する。

男と女という性的境界、親と子という世代ギャップからくる価値観の境界なども、それらはすべて死ぬまで取り払えない。境界線はお互いが踏み越えないよう尊重し合ってこそ明るい円満な家庭が生まれてくるのだと思う。

だいたいバラバラ家族になってしまう原因は、境界の線が溝に変わってしまうことにある。線と溝のちがいを取り違えてはいけないのだ。溝は深くなるとそこには冷たい水が流れはじめ、やがて家族の絆《きずな》が寸断される。溝を流れる水がしだいに濁《にご》ってくると、ドブさらいが厄介で手がつけられなくなる。そうなる前にやるべきこととして、家庭内コミュニケーション度の再点検をしてみてはどうか。

二年おきの車検のような定期検査までは必要ないが、人の一生には変わり目や節目《ふしめ》というものが必ずある。さまざまな出来事にも遭遇する。そういうときにこそ点検を見逃さないよう、それぞれが立場を考え、気をくばることが大事なのではないだろうか。

夫婦の倦怠期《けんたいき》と更年期、夫の転勤、仕事の悩み、あるいは定年準備、自分の親の病気、不幸な出来事、子供の進学や就職、あるいは子供たちの親ばなれとか結婚というように、人生には転機ともなる変わり目や節目が必ず訪れるものなのだ。そういうときに、家のなかにはすきま風が入りやすいのである。

先に私のクルマにアワビ大のヘコミ傷をこしらえた学生のことを書いたが、私にはあの家族から父親の姿が見えてこない。存在感がないというか、要は影がうすいのだ。

いまだに母親のオッパイをまさぐりたい感情をひきずるエディプス・コンプレックスの息子と、息子べったりの母親との関係が、家族の正常なコミュニケーションの妨《さまた》げになっているると思えて仕方がない。どこかが大きくねじれているのにちがいない。

ここで意地悪なひとつの仮説を立て、寸劇風に書いてみる。

——夫はこれまで家庭をかえりみず、それこそ仕事ひとすじに打ち込んできた。にもかかわらず、出世レースで競い合っていた同期のライバルに先を越されてしまった。それからというもの、急に元気がでなくなり、なにもかもイヤになった。夜はサッサと布団にもぐり込むや、自分だけ先に眠ってしまう。起きれば朝から機嫌悪そうな顔で足取りも重く家をでていく。

《妻》「なにか気に入らないことでもあるの？　あるならはっきり言ってくれないと、こちらとしてもわからないでしょ！」

《夫》「お前なんかにオレの気持ちがわかるわけがない」

《妻》「どうせ私は相談相手ではないでしょうよ！」

《夫》「そうさ、お前にとってオレなんか眼中にないだろう。オレのことより息子の勉強や就職のほうがよっぽど大事なんだろ」

《妻》「今ごろになって、なにを言うんですか。自分は家庭を放りっぱなしにしておいて、子供の面倒より会社が大事と、ずっと逃げてばかりいたでしょう」

《夫》「いったい誰のおかげで食べさせてもらっているか、わかっているのか！」

これ以上書き続けると夫婦の仲は破滅するしかなくなる。ここまでだって険悪な空気が張りつめ、夫婦げんかとしては最悪の場面だ。なぜこうなるかは言うまでもない、ふだんからの家族同士のコミュニケーションが欠落しているからにほかなるまい。そうではなく、

《夫》「同期のなかから何人か昇進したけれど、僕はダメだったよ。思うように成果が上げられなかったのだから仕方がない」

《妻》「アラ、そうだったの、気づかなくてゴメンなさい。昇進が一年や二年おくれたからといって、まだ先が長いのですからあわてないでいきましょうネ」

本当のところは気にはなっていたのだとしても、さりげなくこう言って励ますのが妻としての気ばたらきであり、思いやりではないだろうか。それでも夫が腐るのなら、彼はもうそこまでの人間でしかないだろう。

さて、あなたはどちら？

❖イマイチの人は子育ては夫婦が分担するものと考えるが、**きちんと生きてる人**は、それぞれの役割と分担、責任をお互いがわかりあって子育てする。

❖イマイチの人は家族の食事をなんとなく済ますが、**きちんと生きてる人**は、一家団欒の温もりや家庭の味、きちんとした食事のしつけの大切さを知っている。

❖イマイチの人は子供が早く寝るのは健康のためと考えるが、**きちんと生きてる人**は、それが頭のいい、しっかりした子を育てる根幹であることも知っている。

❖イマイチの人は子供を叱り飛ばすことが躾だと思っているが、**きちんと生きてる人**は、わかるように言い聞かせることで躾ができると考える。

❖イマイチの人は感情的に怒るので子供は人の顔色をうかがう人間不信のオドオド人間になるが、**きちんと生きてる人**の叱りには愛情があることを子供も感じ取るので、人を信じられる人間に育つ。

❖イマイチの人は子供に「××はしちゃダメ」と教えるが、**きちんと生きてる人**は、「なぜ××しちゃダメなのか？」を教えるので、物事を判断するモノサシができる。

❖イマイチの人は「叱ることが矯正への近道」と思っているが、きちんと生きてる人は、「ほめることが矯正への太い道」であることを知っている。

❖イマイチの人は子供を甘やかしてひ弱な人間に育てるが、きちんと生きてる人は、子供が将来一人で生きていけるために、しっかり子育てする。

❖イマイチの母は父親の悪口を子供に吹き込むが、きちんと生きてる人は、それが子供を「腹の据《す》わらない、骨細の人間」にすることを知っている。

❖イマイチの人は他人の欠点を子供に聞かせて無気力人間にさせるが、きちんと生きてる人は、他人の良い面を見るので、積極性と挑戦意欲に富む子供が育つ。

❖イマイチの人は自由と放任を履き違えているが、きちんと生きてる人は、「自由は正しいルールの上にある」ことを知っているし、教えられる。

❖イマイチの人は家族間にできた小さなスキマは自然に埋まると甘く考えるが、きちんと生きてる人は、それをすぐに埋めないと大きな溝になることを知っている。

❖イマイチの人は「家族は気心が知れて当然」と思っているが、きちんと生きてる人は、「家族は別々の個性の集合体」だと知っているので、家族の堅い絆や円満な家庭は、お互いが尊重しあってこそ生まれると思っている。

さいごに――

・デスクの前に直立し、受話器をもちながら電話の相手に頭を下げるB君。
・腰を痛めた取引先の社長宅に、スコップをもって出かけ、庭の手入れをしたY君。
・なぜか彼がいると人が集まってきて、和《なご》やかで楽しい雰囲気になるD君。
読者のみなさんがどのような評価を下すかわからないが、いずれも私の部下だった人物で、いずれも好成績を残し、その後は管理職として活躍した営業マンである。

自動車業界で四〇年以上を過ごしてきた私には、お金では買えない財産がある。それは私がお世話になった多くの人だ。上司や部下を含め、業界の内外でコミュニケーションを交わした人は数えきれない。今も手元にしまってある山のような名刺の束を見返すと、

「一生のうちには、こんなにも多くの方からお世話になったんだ」

という感謝の念が湧いてくる。その名刺の一枚一枚のすべての人たちと、なんらかの人間関係があり、さまざまな体験をつませてもらった。良いにつけ悪いにつけ、それらのなかには強く印象に残っている個性派の人がかなりいた。苦い経験もかなりあったと思う。そうした失敗や反省、後悔、あるいは反面教師のような人物を俎上《そじょう》にのせながら、書いたのが本書である。この場を借りて心からお礼を申し上げたい。

本書は、２００６年６月に同タイトルで刊行されたＫＡＷＡＤＥ夢新書の新装版です。

きちんと生きてる人がやっぱり強い

2020年6月20日　初版印刷
2020年6月30日　初版発行

著者◉内海 実

企画・編集◉株式会社夢の設計社
東京都新宿区山吹町261　〒162-0801
電話 (03)3267-7851(編集)

発行者◉小野寺優

発行所◉株式会社河出書房新社
東京都渋谷区千駄ヶ谷2-32-2　〒151-0051
電話 (03)3404-1201(営業)
http://www.kawade.co.jp/

DTP◉イールプランニング

印刷・製本◉中央精版印刷株式会社

Printed in Japan　ISBN978-4-309-50407-0